MARCA *que* MARCA

O PODER DO *BRANDING* BEM CONSTRUÍDO

EDITORA
CHAVE MESTRA®

Ficha técnica

EDITORA CHAVE MESTRA®

Av. Marcos Penteado de Ulhoa Rodrigues, 1119 – Tamboré, Alphaville – SP,
Ed. Office Shopping Tamboré – Andar 21 – Sala Chave Mestra
CEP: 06460-040
@editorachavemestra
editora@editorachavemestra.com.br
Acesse: www.editorachavemestra.com.br

Título original em português:
Marca que marca: o poder do branding *bem construído*

Direção editorial: Raquel Medeiros
Coordenação editorial: Bartira Costa Neves
Assistência editorial: Eloiza Andrade e Larissa Robbi Ribeiro
Revisão: Gabriela Andrade
Diagramação e projeto gráfico: Weslei Eugênio
***Branding* de capa:** Izzo Medeiros

Dados Internacionais de Catalogação na Publicação (CIP)

Vale, Rogério. (Organizador)

V149 Marca que marca: o poder do branding bem construído / Rogério Vale (org.) – Barueri, SP: Chave Mestra Editora, 2024. 240 p. : 16 x 23 cm

ISBN 978-65-5496-069-4

1. Negócios. 2. Branding. 3. Desenvolvimento pessoal. 4. Liderança. 5. Marca. 6. Marketing. 7. Empreendedorismo. I. Título.

CDD 158.1

MARCA *que* MARCA

Sumário

MARCA *que* MARCA

APRESENTAÇÃO

Vivemos na era da hiperconexão, em que a identidade de uma marca transcende um logotipo bem elaborado ou um *slogan* memorável. A competição para capturar a atenção do consumidor é intensa e, em um mercado saturado, a diferença entre prosperar e desaparecer está no *branding*. Marcas se destacam e permanecem na mente do consumidor quando constroem identidades autênticas, que vão além do visual e engajam todos os sentidos, valores e emoções.

Marca que marca: o poder do branding *bem construído* reúne conteúdos essenciais para compreender a complexidade do *branding* e as novas estratégias para posicionar marcas de forma marcante e inesquecível. Dividido em capítulos que exploram aspectos variados, como a influência das redes sociais, o poder do *branding* sensorial e o uso estratégico da Psicologia, este livro mostra que o *branding* moderno é muito mais que uma imagem, é uma experiência completa que pode até mesmo transformar pessoas em marcas.

Ao longo destas páginas, você encontrará *insights* sobre como cada sentido pode ser explorado para criar uma identidade única, os segredos para contar histórias que cativem e a importância de uma comunicação eficaz para transmitir confiança. A obra explora também a conexão emocional e cultural que diferencia marcas de sucesso, oferecendo ao leitor uma visão abrangente do que constitui um *branding* impactante. Abordagens inovadoras, como o *neurobranding* e o uso dos arquétipos, são desvendadas, revelando como essas ferramentas psicológicas moldam a percepção e o desejo dos consumidores.

Com exemplos práticos e temas abrangentes, Marca que marca convida você a mergulhar no mundo do *branding* para compreender e aplicar estratégias que realmente fazem a diferença.

Que este livro seja uma fonte de inspiração e aprendizado, guiando empreendedores, profissionais de *marketing* e todos aqueles que acreditam no poder de uma marca bem construída e que buscam um futuro no qual o *branding* seja pessoal, autêntico e cheio de propósito!

Ótima leitura!

EDITORA
CHAVE MESTRA®

IDEC
INSTITUTO
DE DESENVOLVIMENTO
COMPORTAMENTAL

Amanda Veloso

Sou Amanda Veloso, carioca, mãe do Otto e da Rafa e esposa do Rafael. Publicitária com MBA em Marketing Estratégico, trabalhei sete anos como CLT em marketing até abrir uma loja on-line, na qual descobri minha paixão por empreendedorismo e redes sociais. Após três anos, fechei o negócio para me dedicar à maternidade.

Depois de uma pausa, eu me aprofundei em marketing digital, branding e autoconhecimento, tornando-me estrategista de marca pessoal com foco em branding. Minha missão é ajudar mulheres a se posicionarem de forma estratégica, transformando sua imagem de dentro para fora e construindo marcas fortes e autênticas. Atuo no Brasil, nos EUA, em Portugal e sigo expandindo meu alcance, consolidando minha atuação em um negócio sólido e inspirando mulheres a se tornarem protagonistas de suas histórias.

Instagram
amandabsveloso

WhatsApp
+55 (21) 99608-2856

Site
keepo.io/amandabsveloso

E-mail
amandavelosocompany@gmail.com

MARCA que MARCA

1 *BRANDING* NAS REDES SOCIAIS: MUITO ALÉM DO VISUAL

Por Amanda Veloso

Eu poderia começar este capítulo dizendo algo óbvio como: "Vivemos na era digital, onde as interações são imediatas e as percepções de marca se formam em segundos. As redes sociais se tornaram o palco principal para as marcas estabelecerem sua identidade, dialogarem com seus públicos e criarem conexões que transcendem o que vendem". A verdade é que: se hoje você não está presente na maior vitrine do mundo, você não existe.

Mas, sinceramente? Quem hoje em dia não sabe disso? Até marcas mais resistentes às mudanças já entenderam que as redes trouxeram uma proximidade sem precedentes entre elas e seus consumidores.

Se antes as empresas dependiam de mídias tradicionais para alcançarem seus públicos de forma limitada e cara, as redes democratizaram esse acesso, permitindo que qualquer marca se promova gratuitamente e com maior alcance. No entanto, isso também criou um cenário altamente competitivo, com consumidores cada vez mais exigentes. A pergunta que fica é: como então se destacar nesse oceano de opções? ***Branding* é a chave!**

***Branding* é a gestão estratégica de uma marca para torná-la relevante e desejada.** Não basta uma logo bonita ou um perfil visualmente atrativo nas redes sociais, as marcas precisam ter personalidade, autenticidade e valores bem-definidos. Mas, sobretudo, manter a coesão entre o visual e o verbal para que não haja ruído na sua comunicação.

Os benefícios de investir em *branding* são muitos, entre eles: construir uma identidade sólida e coerente, aumentando a conexão emocional com o público e **formando comunidades engajadas ao redor da marca.** Em momentos de gestão de crise, branding também faz a diferença. Marcas que respondem de forma autêntica e transparente mantêm a confiança de seus consumidores, demonstrando que o *branding* **vai além da imagem e envolve um compromisso real com o público**.

Estudos mostram que empresas que investem consistentemente em *branding* têm um retorno 21% maior (McKinsey). O grande problema é que muitas marcas ainda não compreendem o verdadeiro potencial do *branding*. Ou focam excessivamente em vendas, esquecendo que, sem uma estratégia de marca bem-definida, correm o risco de perder a conexão com os clientes. Ou acreditam que desenvolver uma marca nas redes sociais é só criar uma identidade visual, tirar fotos profissionais e gerar conteúdo sem estratégia. E, quando percebem que não estão tendo resultados, se frustram.

Aprendi isso na prática. Mesmo com formação em Publicidade e um MBA em Marketing, confesso que subestimei o poder do *branding* quando comecei nas redes sociais. Mas, antes de chegarmos nesse ponto, preciso voltar no tempo e contar um pouco sobre minha jornada. Talvez você se identifique e perceba por que também possa estar negligenciando o *branding* da sua marca.

Após dar uma pausa na minha carreira para me dedicar à maternidade, ao retornar ao mercado, em 2022, decidi que queria ter mais tempo para meus filhos, fazer mais dinheiro e construir um negócio do qual eu me orgulhasse. Depois de conversar com amigos da área, uma amiga mencionou o serviço de *social media*, o que despertou meu interesse. Fiz alguns cursos e, antes mesmo de começar a me divulgar, a primeira cliente surgiu por indicação de uma amiga. Essa cliente gerou outras indicações e eu mal podia acreditar que tudo estava fluindo tão rápido.

Para aumentar minha visibilidade, criei um perfil no Instagram, escolhi uma paleta de cores que nem mesmo me representava, fiz uma logo sem alma e comecei a criar conteúdo sem estratégia, como a maioria faz. Confesso que fui arrogante em achar que seria fácil "bombar" no digital – sim, fui uma das que caiu naquele papo de "guru de marketing" que ensina fórmulas mágicas e promete resultados instantâneos. A verdade é que **subestimei a concorrência e o trabalho necessário para atrair a atenção do público**.

Rapidamente, percebi que, sem *branding*, não conseguiria crescer de forma consistente. Além disso, eu estava desorganizada, sobrecarregada, trabalhando muito e percebi que daquela forma nunca ia conseguir escalar meu negócio. Foi quando decidi tirar o pé do acelerador, fechar minha agenda e só manter as clientes que eu já tinha para conseguir me reorganizar, estruturar melhor meus serviços e processos e construir o *branding* da minha marca.

Investi em cursos e consultorias. Só então me senti preparada para recomeçar. E não me arrependo de ter começado errando lá atrás, porque isso me trouxe aprendizados que moldaram minha jornada. Para mim, ficaram duas grandes lições:

1ª) "Se você não sabe para onde vai, qualquer lugar serve". No início, não tracei meus objetivos, me empolguei com o fato de tudo ter fluído tão rápido e, quando me dei conta, estava vivendo no automático, com uma marca desalinhada dos meus sonhos.

2ª) Não pule etapas! Uma marca sólida precisa de alicerces e o *branding* é essa base. Ele será sua referência para não se perder no caminho dos seus reais objetivos, valores e personalidade. É fácil, no digital, acabar se comparando e seguindo estratégias que não têm nada a ver com sua marca. Você veste um personagem e perde sua essência.

Depois de criar a estratégia para minha própria marca, percebi que era exatamente com isso que eu queria trabalhar. Queria poder compartilhar todo o conhecimento que adquiri e organizei através do método que usei comigo mesma. Foi então que deixei de ser Amanda, *social media*, para me tornar **Amanda, estrategista de marca pessoal, com foco em *branding***.

Agora, convido você a conhecer meu método e colocar a mão na massa. Isso se o seu objetivo é construir uma marca nas redes que traga reconhecimento profissional, visibilidade, mais vendas e novas oportunidades. E não estou falando de milhares de seguidores ou viralizar, mas sim de uma **presença sólida e autêntica, visando a resultados de longo prazo**.

O método é baseado em quatro pilares fundamentais.

1º pilar: reconhecendo a si

- **Mapear a história:** explore suas experiências, erros, sucessos e desafios que moldaram sua trajetória. Entender esses pontos é o que vai destacar sua autenticidade.
- **Essência:** destaque quatro aspectos da sua personalidade que serão a base da sua marca.
- **Habilidades e fraquezas:** maximize as primeiras e gerencie as segundas.

- **Objetivos e visão de futuro:** defina o que deseja alcançar e como quer ser visto.

2º pilar: posicionamento

- **Público-alvo:** defina detalhadamente quem você deseja impactar para criar conteúdo eficaz.
- **Nicho e diferencial:** escolha um nicho claro para se destacar. Ser especialista em um subnicho atrai uma comunidade fiel.
- **Valores, crenças e bandeiras:** defina o que sua marca defende.
- **Promessa da marca:** o que você entrega de único?
- **Serviços ou produtos:** certifique-se de que eles estejam alinhados à promessa da sua marca.
- **Parcerias:** identifique profissionais cujos valores e objetivos se alinhem aos seus. Parcerias estratégicas podem fortalecer seu posicionamento.
- **Tom de voz:** crie uma linguagem autêntica e conectada ao público.
- **Inspirações:** construa um *moodboard* com elementos visuais que representem sua marca.
- **Universo da marca:** defina paleta de cores, tipografia, arquétipos, símbolos e palavras-chave para sua comunicação, reforçando o posicionamento.
- **Frase de impacto:** crie um *slogan* memorável, que sintetize a essência da sua marca.

3º pilar: comunicação

- **Canais de comunicação:** selecione os meios digitais mais adequados para inserir sua marca.
- **Linha editorial:** defina conteúdo e frequência.
- **Narrativa da marca:** conte a história da sua marca, criando conexão emocional com o público através da jornada do herói.

4º pilar: planejamento

- ***Checklist* de ações:** crie uma lista prática de tarefas para implementar seu projeto.

- **Organização de conteúdo:** use ferramentas, como o Trello, para manter a constância e a coerência das postagens.
- **Delegação:** identifique tarefas que podem ser delegadas para você focar o essencial do seu negócio. Use inteligência artificial (IA) de forma estratégica, sem perder a essência da marca.

O uso desse método transformou minha vida profundamente, tanto no campo profissional quanto no pessoal. Ao longo do processo, fui capaz de me conhecer de verdade: compreendi meus reais sonhos e objetivos, descobri com que realmente gosto de trabalhar e resgatei aspectos da minha personalidade que estavam adormecidos, sufocados pela comparação constante. Isso me deu clareza para enxergar como eu estava me sabotando em certas áreas da minha postura.

Aprendi a delegar e a organizar melhor meu tempo, o que resultou em mais produtividade e bem-estar. Essa transformação impactou diretamente a forma como sou percebida nas redes sociais, elevando minha credibilidade e profissionalismo. Com isso, a demanda pelos meus serviços cresceu, assim como meu faturamento. Outras profissionais passaram a me procurar para parcerias e aquelas que me conheciam em eventos começaram a me seguir nas redes sociais e, em pouco tempo, fecharam negócios comigo. Além disso, minhas clientes passaram a enxergar meu trabalho de uma maneira muito mais respeitada.

Foi essa mudança tão significativa que me inspirou a querer compartilhar o método com outras pessoas. Sei o quanto ele pode transformar não apenas a sua marca, mas também a sua vida como um todo.

Agora que você tem as ferramentas em mãos, é hora de agir. Não basta apenas saber o que fazer, é essencial aplicar. Se você quer construir uma marca que se destaque, que traga reconhecimento, credibilidade e crescimento, é fundamental dedicar tempo e energia para alinhar sua essência com o que deseja que sua marca represente.

Toda grande jornada começa com um primeiro passo. E o sucesso da sua marca começa com o *branding* bem construído. Agora é com você! Aplique o que aprendeu e **construa uma marca que marque**.

Se você quer se aprofundar mais no processo e levar sua marca a outro nível, conheça o meu trabalho. Estou aqui para ajudar você a transformar sua história em uma **marca protagonista e autêntica**. *Bora* juntas?

“

Amanda Veloso

No turbilhão das redes, o *branding* é sua força. Ele mantém sua marca firme e alinhada com seus reais objetivos e essência.

Crédito: Carolina Miranda.

Bruna Lima

Sou Bruna Lima, empresária e estrategista de marca. Natural de Belo Horizonte, Minas Gerais, sou graduada em Relações Públicas com MBA em Branding pela PUC-Minas. Minha jornada profissional começou em 2016, tendo atuado na comunicação de mais de cem empresas no Brasil e Estados Unidos.

Hoje, moro em Austin, no Texas, onde sou CEO do Brander's Studio, um estúdio de *branding* especializado em estratégias de marca, *design* de logo e identidades visuais, gestão de redes sociais e desenvolvimento de *websites*.

Sou praticante de yoga, tantra e Ayurveda. Esses conhecimentos mudaram completamente a minha forma de sentir o mundo. Hoje, transmito esses conhecimentos para o universo do *branding*.

Se este capítulo agradar ou se você tiver quaisquer dúvidas, sinta-se à vontade para entrar em contato pelos meios de comunicação abaixo.

Instagram
brunalima.branding

WhatsApp
+1 (512) 921 2007

LinkedIn
Bruna Lima

E-mail
info@branders.studio

Site
branders.studio

MARCA *que* MARCA

2 *BRANDING* SENSORIAL: ENGAJANDO TODOS OS SENTIDOS

Por Bruna Lima

Diversos fatores influenciam o desenvolvimento e a inserção de novos produtos no mercado: inovações tecnológicas, mudanças nas exigências dos consumidores, a globalização e o intercâmbio cultural ou até a simples vontade de criar uma experiência diferenciada. Como resultado, percebemos uma crescente competitividade e a busca por diferenciação entre as marcas. Com tantas opções para solucionar o mesmo problema, fica claro que essa diferenciação não se restringe mais ao aspecto funcional do produto, mas envolve também questões simbólicas, emocionais e a experiência do usuário.

Nesse sentido, o *branding* sensorial se apresenta como uma ferramenta capaz de gerar gatilhos e conexões emocionais de forma inconsciente no consumidor através de experiências de marca que envolvem os cinco sentidos humanos.

Visão

Quando falamos de *branding*, sem dúvida alguma, o sentido mais lembrado é a visão, pois atentamos a logo, paleta de cores, fontes, elementos gráficos etc. Qualquer pessoa que está abrindo uma empresa sabe da necessidade de uma identidade visual. Mas o que muitos não sabem é que cada um desses elementos é capaz de despertar percepções e emoções diversas no consumidor. Por esse motivo, a identidade visual não pode ser escolhida simplesmente pelo seu quesito estético. É importante que a gente defina esses elementos a fim de que auxiliem a marca a comunicar sua identidade e seu propósito de maneira rápida e intencional.

A psicologia das cores e das formas são estudos que visam a compreender como cada um desses elementos influencia inconscientemente a percepção e o comportamento do consumidor. Confira nas tabelas abaixo como aplicar esse conhecimento na sua marca.

Cor	Associações positivas	Associações negativas
Preto	Sofisticação, elegância, poder, formalidade.	Luto, mistério, medo, tristeza.
Branco	Pureza, paz, simplicidade, limpeza.	Frieza, vazio, esterilidade, impessoalidade.
Rosa	Delicadeza, ternura, amor, romance.	Imaturidade, ingenuidade, fragilidade.
Vermelho	Paixão, energia, coragem, amor, excitação.	Raiva, perigo, agressividade, urgência.
Azul	Calma, confiança, serenidade, estabilidade.	Frieza emocional, distanciamento, tristeza, monotonia.
Verde	Natureza, crescimento, saúde, equilíbrio, frescor.	Inveja, ganância, imaturidade, estagnação.
Laranja	Energia, entusiasmo, criatividade, diversão.	Superficialidade, frustração, impaciência.
Amarelo	Alegria, otimismo, calor, criatividade.	Medo, ansiedade, ciúme, cautela.
Roxo	Mistério, espiritualidade, luxo, criatividade.	Arrogância, superficialidade, melancolia.
Marrom	Estabilidade, segurança, conforto, simplicidade.	Rigidez, falta de sofisticação, monotonia, falta de imaginação.

Fonte: HELLER, 2021.

Formas	Gatilho emocional
Quadrado	Ordem, igualdade e estrutura.
Retângulo	Simplicidade, equilíbrio e segurança.
Triângulo	Força, poder e masculinidade.
Círculo	União, proteção, cuidado e feminilidade.
Linhas horizontais	Tranquilidade e calma.
Linhas verticais	Estabilidade.
Linhas diagonais	Movimento e dinamicidade.

Olfato

A aromaterapia apresenta uma ciência completa para entender como os aromas podem influenciar as emoções e o comportamento humano. Você já sentiu um aroma específico e isso automaticamente lembrou alguém ou alguma experiência do seu passado? Isso acontece porque, quando inalamos os óleos essenciais, eles vão direto para o sistema límbico, região do cérebro responsável por regular humor e emoções e, principalmente, armazenar memórias.

Cada planta possui propriedades únicas que irão engatilhar diferentes emoções, podendo também despertar diferentes memórias, dependendo da experiência de vida de cada um. Mas, de maneira geral, podemos separar os óleos essenciais em oito categorias:

Classificação	**Gatilho emocional**
Folhas	Foco, clareza mental, renovação.
Resinas	Segurança, proteção, *grounding* (enraizamento).
Madeiras	Estabilidade, força, confiança.
Raízes	Equilíbrio, introspecção, calma.
Ervas	Revitalização, frescor, energia.
Especiarias	Estímulo, excitação, criatividade.
Cítricos	Alegria, otimismo, energia.
Florais	Romantismo, calma, suavidade.

Fonte: TOTAL WELLNESS PUBLISHING, 2018.

Audição

Você sabia que é possível criar logos sonoras? Quer ver um exemplo? Tenho certeza que só de pensar em Netflix o "Tan-dã" vem à sua mente na hora! Grandes marcas se utilizam dos sons para evocar sentimentos e fortalecer a lembrança. O *sound branding* também usa *jingles*, músicas, efeitos sonoros, vozes e outros sons para aumentar o reconhecimento de marca. Isso acontece porque os sons e as músicas estimulam o cérebro, gerando sentimentos e emoções quer serão associadas à marca. Segundo Cristiana Matos:

> [...] ao ouvir um som ou uma música, os indivíduos podem sentir prazer por, de alguma forma, os sons e as músicas afetar o sistema nervoso que leva a informação ao cérebro, o que produz alguma espécie de sentimento (MATOS, 2023, p. 87).

Além disso, música é vibração. Quando a gente entra em um ambiente em que uma música está tocando, não há outra escolha, você vai vibrar na mesma frequência. Nesse sentido, podemos usar sons para transportar os clientes para o nosso universo de marca. Confira nas tabelas a seguir como usar sons e ritmos para gerar diferentes emoções no consumidor.

Elemento	**Gatilho emocional**
Sons graves	Poder, confiança, estabilidade, intensidade.
Sons agudos	Energia, leveza, dinamismo, entusiasmo.
Sons naturais	Relaxamento, frescor, autenticidade, conexão.
Sons instrumentais	Calma, proximidade, criatividade.
Sons mecânicos	Tecnologia, precisão, modernidade.

Ritmo rápido	Energia, urgência, entusiasmo.
Ritmo lento	Calma, confiança, relaxamento.
Voz humana	Conexão emocional, autenticidade.
Silêncio	Pausa, reflexão, ênfase.

Paladar

O paladar pode ser um dos sentidos mais fácies ou mais complicados de trabalhar no *branding*, a depender do setor. Se estamos falando de empresas de alimentos e bebidas, o próprio produto desempenha o papel de gerar experiências e memórias positivas na mente do consumidor. Mas, se vamos para outros setores, isso significa desenvolver um produto que traga as características da marca para o universo dos sabores.

O estudo mais abrangente e detalhado sobre a conexão entre sabores e emoções se encontra na Ayurveda, a medicina tradicional indiana. Para a Ayurveda, os sabores dos alimentos estão diretamente relacionados às emoções que eles provocam. Na tabela a seguir, separei resumidamente quais gatilhos emocionais podem ser ativados por cada um dos sabores.

Sabor	**Gatilho emocional**
Doce (*madhura*)	Produz satisfação; evoca boas lembranças da infância e amor.
Azedo (*amla*)	Estimula a audácia e o desejo de aventura.
Salgado (*lavana*)	Produz energia e estimula a coragem.
Amargo (*tikta*)	Estimula o desejo de mudança e crescimento.
Picante (*katu*)	Dá sabor à vida e estimula o desejo de novidade.
Adstringente (*kashaya*)	Promove introspecção e clareza mental.

Fonte: DE LUCA; BARROS, 2007, p. 182.

Tato

A pele é o maior órgão humano, podendo experimentar diversas sensações quando em contato com diferentes formas e texturas. Não há muita literatura ou pesquisas que falem sobre como o tato influencia as emoções, mas sabemos que o toque é um fator determinante no processo de decisão de compra.

> As empresas que adotam o uso do tato sabem que é tão importante ver com as mãos quanto ver com os olhos. [...] Tocar num produto antes de comprar, é muito importante para a decisão do consumidor, e quanto mais irreverente, sofisticado, confortável for, e se realmente estiver de acordo com o público-alvo mais fácil será o resultado pretendido. (ROCHA, 2020)

É por meio do tato que experimentamos a maioria dos produtos, conseguindo averiguar sua qualidade e conforto. Podemos explorar o sentido do tato tanto no produto quanto em sua embalagem ou até mesmo em ambientes físicos, na escolha de texturas, tamanhos e materiais escolhidos.

Conclusão

O *branding* sensorial surge como uma estratégia poderosa que combina Psicologia e neurociência para a construção de marcas que desejam se destacar em um mercado cada vez mais competitivo e saturado de opções. Quando criamos marcas que envolvem os cinco sentidos humanos – visão, olfato, audição, paladar e tato –, estamos colocando o indivíduo no centro e criando experiências memoráveis capazes de gerar conexões emocionais profundas inconscientemente.

O consumidor moderno não busca apenas um produto, mas sim uma experiência. Se você está trabalhando apenas o aspecto visual da sua marca, está perdendo uma oportunidade gigantesca de se conectar em um nível mais profundo.

As opções para aplicar o *branding* sensorial são vastas, mas o segredo está em compreender a verdadeira essência da sua marca. Assim, você será capaz de selecionar os elementos sensoriais certos para comunicar sua identidade e seu propósito de maneira intencional, envolvente e multissensorial.

Referências bibliográficas

DE LUCA, M.; BARROS, L. *Ayurveda*: cultura de bem-viver. São Paulo: Editora de Cultura, 2007.

HELLER, E. *A psicologia das cores*: como as cores afetam a emoção e a razão. 2. ed. São Paulo: Olhares, 2021.

MATOS, C. M. de. *Percepção e eficácia das expressões sonora e musical de marcas*: o viés neurológico das ações práticas de *sound branding* e *music branding*. 2023. 266 f. Tese (Doutorado em Comunicação) – Faculdade de Comunicação Social, Universidade do Estado do Rio de Janeiro, Rio de Janeiro, 2023.

ROCHA, A. I. M. *Neuromarketing e a relação com o marketing sensorial no estudo do comportamento dos consumidores nas vendas on-line*. 2020. Dissertação (Mestrado em Marketing Digital) – Instituto Superior de Contabilidade e Administração do Porto, Instituto Politécnico do Porto, Porto, 2020.

TOTAL WELLNESS PUBLISHING. *Os fundamentos essenciais*. 5. ed. Pleasant Grove: Total Wellness Publishing, 2018.

“

Bruna Lima

O *branding* sensorial se apresenta como uma ferramenta capaz de gerar, inconscientemente, gatilhos e conexões emocionais no consumidor.

Carol Grimaldi

Sou Carol Grimaldi, baiana, nascida em Salvador, onde encontrei meu companheiro de vida, Paulo. Temos dois filhos, Francisco e Benjamin. Sou administradora de empresas, atuo em um hospital privado e sou sócia do meu esposo em um instituto de saúde. Desenvolvemos atividades para médicos, residentes e profissionais da área, como cursos, mentorias e *workshops*.

Observando a necessidade de planejamento desses profissionais para competir e linkando com minha experiência no mercado de saúde, desenvolvi uma consultoria para gestão da marca, uma imersão em *branding* baseada no perfil do profissional e no panorama de saúde. Meu esposo, que é médico, foi meu primeiro cliente. Ele me oportunizou desafios e amadurecimento. Conseguimos evidenciar sua *persona* com identidade e aproximação com seu público.

Foi o primeiro *case* de muitos. Dizem que santo de casa não faz milagre, mas, nesse caso, acho que o milagre me foi concedido. Amém!

Instagram
carolgrimaldi.bold

WhatsApp
+55 (71) 99702-1504

LinkedIn
Carolina Grimaldi

E-mail
adm@drpaulogomesfilho.com.br

MARCA que MARCA

3 CONSTRUINDO MARCAS QUE CONTAM HISTÓRIAS

Por Carol Grimaldi

Como iniciou a gestão de marcas

A cultura de formação dos profissionais é direcionada à capacitação para o ofício, não abrangendo a gestão da marca pessoal. Essa lacuna culmina em profissionais lançados ao mercado sem o planejamento da carreira, apenas dominando um conjunto de *hard skills* para exercer a função. Esse despertar para a necessidade da gestão da marca pessoal é relativamente recente. A história nos conta como nasceu a gestão das marcas.

Os pecuaristas tinham um problema recorrente: precisavam identificar o gado que se afastava do rebanho para terras vizinhas. A solução encontrada foi marcar cada animal. Essa tarefa dos fazendeiros ficou conhecida, na língua inglesa, como *to brand*. Assim se registrava a quem pertencia o gado, evitando conflitos e perda monetária. Processo semelhante ocorreu com os vinhos, a separação de uma safra da outra era feita através da marcação das rolhas.

A revolução industrial ocasionou o aumento da oferta e da concorrência, então os produtores se viram obrigados a diferenciar seus produtos e estimular o consumo. Nasce, portanto, a gestão das marcas, conhecida como *branding*.

O *branding* se consolidou e duas empresas de sucesso, utilizando exitosas estratégias para alavancar suas vendas, o exemplificam bem.

Histórias que inspiram

A Unilever, fundada em 1884, em Bolton, na Inglaterra, por William Hesketh Lever e seus irmãos, no formato inicial vendia sabão à moda antiga, pesado e cortado, na medida certa para o cliente. Mas William enxergou um ponto de melhoria e isso modificou o negócio: ele deu um nome ao sabão e passou a vendê-lo no tamanho padrão, e em uma embalagem. A iniciativa caracterizou o produto com uma embalagem e uma fórmula neutra, tornando-o menos agressivo para as mãos do que os sabões concorrentes. Assim, a marca cresceu com sucesso.

Estima-se que, hoje, 90% dos produtos que entram em nossas casas sejam da Unilever. São mais de quatrocentas marcas, dentre elas o sabão OMO, que trouxe uma premissa importante: a conexão com o consumidor, já que o significado dessas três letras é Old Mother Owl, ou "velha mãe coruja".

A Pepsi, de origem norte-americana, foi criada por um farmacêutico. O intuito era ser uma bebida, ao mesmo tempo, refrescante, energética e que auxiliasse na digestão. Era vendida exclusivamente em drogarias e, após o produto ser gaseificado, deixou de ser um item farmacêutico, comercializado em escala industrial.

A empresa passou por dois processos de falência, retardando o seu crescimento e oportunizando os concorrentes como líderes de mercado. Num impulso de ousadia, para alavancar as vendas, a Pepsi se diferenciou, passou a vender seu produto pelo mesmo preço dos concorrentes, mas com 355 ml, em vez dos 177 ml oferecidos pelas outras marcas. A estratégia deu certo e a empresa voltou a crescer. Amadurecida, a Pepsi saiu da estratégia do "pode ser" para "toma esse sabor", reforçando que tem identidade suficiente para ser a primeira opção do consumidor.

Duas marcas líderes de mercado que, observando um ponto focal, mudaram o rumo de suas histórias por meio da gestão da marca.

Da marca empresarial para marca pessoal

Em 1997, Tom Peters escreveu o artigo "The Brand Called You", traduzido como "A marca chamada você", cuja ideia central era a de que você é a sua própria marca e o responsável por sua construção e manutenção. A partir daí, intensificaram-se estudos e discussões sobre a gestão de marca pessoal e premissas como: reputação, identidade e conexão com o público.

Avançando na história, as empresas de publicidade passaram não só a gerir marcas de produtos, mas também marcas de pessoas, atletas e celebridades. É o nascimento do *personal branding*, nada mais que a gestão da sua marca pessoal, uma ferramenta para trabalhar o seu posicionamento, seu diferencial e sua comunicação com o seu público, permitindo conexões. É um reforço da identidade e da imagem para ser lembrado.

Personal branding é uma ferramenta para auxiliar profissionais que desejam se destacar no mercado, gerando valores e resultados através de diferenciais que confirmam a sua expertise. Com tantas tecnologias e ferramentas, o próprio profissional pode gerenciar a sua marca, ou seguir as celebridades que contratam empresas para essa gestão, a exemplo do jogador Neymar, que possui a Neymar Sport e Marketing.

Através de fatos ao longo da história, nasceram as marcas, agora é o momento da sua marca contar uma história.

Driblar as dificuldades não é tarefa fácil

Profissionais sem foco e sem propósito para o crescimento não se destacam. É preciso ter planejamento, metas, prazos e ferramentas.

Equilibrar as tarefas cotidianas com a gestão da marca requer estratégia e organização, esse desafio pode ser desanimador, mas é preciso buscar o encorajamento para o ponto de partida. Um fator dificultador é a falta de clareza. Faça sua autoavaliação, entenda suas habilidades e as torne um diferencial. Comunique esse diferencial a seu público, conte a ele a sua jornada, sua linha do tempo e seu ponto focal. Então, construa sua narrativa, a história da sua marca, utilizando o *storytelling*, que é a arte de contar histórias envolventes.

Planeje como um *bold*, sinônimo de coragem e ousadia, esteja atento às oportunidades, desenhe sua jornada descrevendo os pilares da sua marca pessoal: identidade, posicionamento, reputação, imagem que você quer passar. Essa construção é uma visita ao seu interior, é única e dificilmente outra pessoa conseguirá fazê-la no seu lugar. Você pode até ser orientado por uma consultoria, mas as respostas somente você sabe.

O ponto focal, a sua história e o diferencial

Sua marca é a história de suas vivências e o que você é hoje, e dela nasce a conexão com o seu público. Criar sua narrativa para contar a história da sua marca é uma estratégia simples de comunicação e atração, que gera confiança. Você pode até despertar a atenção do seu público pelo seu currículo, mas empatia e interesse vêm pela sua história.

Seja autêntico ao compartilhar sua história de despertar, o seu ponto de partida. Use o *storytelling* de maneira inspiradora para passar a mensagem certa da sua marca.

Nas consultorias realizadas, tive a oportunidade de ouvir histórias impactantes. Um médico obstetra, por exemplo, amadurecendo a sua decisão pela medicina, avaliou a escolha pela profissão e seu ponto focal, narra assim a história da sua marca: "Decidi atuar na parte feliz da medicina, o nascimento! Tenho paixão pela obstetrícia e sou coadjuvante e espectador do nascimento das famílias".

Esse recorte da narrativa leva seu público a vivenciar a sua jornada, sua linha do tempo. Ele enxergou o motivo para atuar, se especializou e se tornou uma referência. Com o propósito definido, ficou mais fácil fazer a gestão da sua marca. Sua história é transcrita em suas redes sociais, através das quais ele compartilha toda a sua trajetória.

Certa vez, assistindo a uma palestra, vi um tímido fotógrafo divulgar o seu serviço descrevendo a sua trajetória: como iniciou a carreira, as dificuldades e o estímulo da família até o ponto focal, quando ele decidiu trabalhar gratuitamente para uma influenciadora digital, numa parceria para divulgar o seu trabalho – o que lhe gerou notório destaque, sendo hoje um profissional de sucesso.

Ele começou sua narrativa ressaltando a alegria em estar ali, compartilhando seu percurso com centenas de pessoas, e suas palavras iniciais foram: "Estou emocionado de estar vivendo esse dia, meu único objetivo era ser reconhecido pelo meu trabalho e hoje estou palestrando como uma marca de sucesso. Eu só estou inseguro se vocês vão gostar da minha história, e deixo vocês muito à vontade, se dez pessoas apenas me aplaudirem, meu coração se encherá de gratidão!". Ele narrou com apelo, e o que aconteceu no final da palestra? Toda a plateia se levantou e o aplaudiu de pé. Ele sensibilizou o público com conexão e conseguiu o retorno que ele queria desde o início, os aplausos.

Criando a sua história

Iniciada a gestão da sua marca, identificados valores, fazemos análise do mercado, de posicionamento, criamos portfólio e estratégias de divulgação da marca. É preciso também avançar nessa linha do tempo e planejar sua narrativa utilizando o *storytelling*. As pessoas se interessam pelo lado pessoal do profissional.

Analise o seu ponto focal, se a sua imagem pessoal é coerente com a mensagem que você deseja transmitir, estruture sua narrativa com criatividade. *Storytelling* não é propaganda, é uma forma atrativa de contar a sua história mostrando personalidade e autenticidade, cativando o seu ouvinte.

Na construção da sua narrativa, identifique o sentimento que você quer extrair do seu público para gerar conexão: pode ser a Jornada do Herói, a Jornada do Fracasso à Fama, a Jornada do Herói por Acidente, Inimigo Comum... Enfim, são exemplos de estrutura para você se guiar.

Sua narrativa deve ser de fácil entendimento e não se limita a textos apenas, sua jornada pode ser contada em formatos diversos, pois as pessoas buscam inspiração em marcas com as quais se identificam. O *storytelling* é uma ferramenta tão poderosa, que existem profissionais especializados nisso, são os chamados *ghostwriters* (escritores-fantasma), que podem auxiliar na criação de uma narrativa criativa e envolvente para atração e conexão com o seu público.

História e conexão

Praticamos relações comerciais com foco no cliente; em paralelo, a informação está a um clique de dedos. Basta digitar seu nome completo no Google e já é possível saber um pouco sobre você. Não são fotos que encantam o cliente, vai muito além disso. Antes de chegar até você, ele pesquisa e busca referências e, quando, finalmente, ele o vê como uma opção, o que o aproxima de você é a conexão com a sua história.

Nossa vida pessoal tem uma história, idem para nossa vida profissional. Em certos momentos, elas se entrelaçam, nos moldando em diversos aspectos. É preciso entendimento dos seus objetivos pessoais e profissionais para extrair desse entrelace um ponto focal, uma oportunidade de crescimento. Cada indivíduo coleciona vivências na sua trajetória que geram uma narrativa. Você pode construir a narrativa da história de uma marca e, com maestria e excelência, marcar a história!

"

Carol Grimaldi

Uma marca de sucesso tem um ponto focal, o fato que a direcionou para a diferenciação. Sua marca é a sua história e ela é única!

Cleber Muniz

Sou *designer* graduado em Design pela Faculdade Senac-Goiás. Tenho pós-graduações em Design, Docência e Práticas Educacionais e Empreendedorismo e Inovação, ambas pelo Instituto de Pós-Graduação & Graduação (IPOG). Atualmente, sou mestrando em Performances Culturais com foco em Humanidades Digitais pela Universidade Federal de Goiás (UFG). Sou sócio na Lima Muniz – Design + Estratégia, onde, com a minha equipe, desenvolvo projetos de *branding* e construção de marcas.

Além disso, atuo como professor efetivo na Faculdade SENAC-Goiás nas disciplinas de Identidade Visual e Mídias Digitais. Leciono também nos cursos de MBA e aperfeiçoamento profissional do IPOG, nas áreas de Marketing, Gestão Comercial e Arquitetura. Consultor, mentor, palestrante e *host* no podcast Branding Mais Vendas Cast (BMV).

Instagram
cleberpmuniz | limaemuniz

YouTube
cleberpmuniz

LinkedIn
cleber-muniz

E-mail
muniz@limaemuniz.com.br

Site
limaemuniz.com.br

MARCA *que* MARCA

4 IDENTIDADE VISUAL: ELEMENTOS QUE FAZEM A DIFERENÇA

Por Cleber Muniz

Eu me lembro claramente do dia em que fui contratado como menor aprendiz em uma escola de Ensino Fundamental. Minha função era imprimir materiais gráficos em pequena escala, e foi aí que tive meu primeiro contato com *softwares* de design gráfico. Na época, utilizávamos o Corel Draw e foi através dele que iniciei minha jornada no *design*. Entretanto, algo me instigava: ao observar materiais como *banners*, livros e marcas, eu me perguntava de onde vinha tanta criatividade e como o processo de transformar uma ideia em algo concreto acontecia.

Essa curiosidade me levou a estudar Design, e a escolha por essa área foi muito natural. Quase no final do curso, uma disciplina específica despertou meu interesse: Identidade Visual. Nela, estudamos tanto o contexto histórico quanto o lado metodológico da criação visual de marcas. Nesse momento, tive certeza de que era isso que eu queria fazer profissionalmente.

Após trabalhar em diversas empresas, decidi abrir minha própria consultoria de marca, a Lima e Muniz. Desde então, já são mais de seis anos desenvolvendo marcas para variados mercados. O principal desafio nesse processo é compreender como a marca deseja ser percebida e o que o público realmente enxerga nela. Uma marca bem construída carrega uma narrativa única, capaz de transmitir valores e propósitos.

Neste capítulo, vamos explorar como uma marca pode criar elementos gráficos proprietários, que devem ser consistentes em todos os pontos de contato, reforçando sua estratégia de *branding*.

O que é marca?

Primeiro, é fundamental entendermos o que é uma marca e o papel da identidade visual no seu reconhecimento. A marca abrange nome, símbolo e *design*, com o objetivo de identificar e representar um produto ou um serviço. Ela é a ligação simbólica e afetiva entre uma empresa, sua oferta e o público-alvo. A função primordial de uma marca é a identificação e a diferenciação.

Uma marca não é simplesmente um símbolo gráfico. Ela é uma promessa! Segundo David Aaker (1988), a marca é a imagem de uma empresa ou de um produto, que deve ser comunicada de maneira clara e perceptível para o público-alvo. Ela oferece alternativas relevantes, diferenciadas e com credibilidade, mesmo em meio à concorrência. Para Aaker (1988), a marca é um nome ou um símbolo destinado a identificar bens ou serviços e a diferenciá-los dos concorrentes. Alina Wheeler (2008) destaca que uma marca forte precisa se destacar em um mercado competitivo, influenciando o comportamento do consumidor e gerando receitas para a empresa.

O que é identidade visual?

Quando falamos de marca, além de sua dimensão filosófica e estratégica, falamos também de seus atributos tangíveis. A identidade visual é a expressão concreta da marca no campo social e serve, principalmente, para diferenciá-la dos concorrentes. Gilberto Strunck (2001) define a identidade visual como o conjunto de elementos gráficos que formam a personalidade visual de uma marca. Alina Wheeler (2008) complementa dizendo que os melhores sistemas de identidade de marca são memoráveis, autênticos, significativos e diferenciados.

Para Cecília Consolo (2015), símbolos e logotipos fazem parte do cotidiano e da cultura, acionando um repertório de experiências relacionadas à organização. A construção de uma percepção de marca é positiva quando o sistema de identidade está atrelado à estratégia do negócio. Isso garante que todos os elementos contribuam para uma identidade forte.

Vejo a identidade visual como um pilar importante para a construção da imagem de uma marca na mente do consumidor. Ela desempenha um papel crucial ao gerar identificação, associação, reconhecimento e valor. Por isso, a criação estética da mesma deve ser tratada com extremo cuidado, já que o direcionamento correto do projeto pode agregar ou, em caso de falhas, diminuir o valor percebido da marca.

No meu processo de criação de marcas, parto sempre da leitura estratégica do negócio e, em seguida, sigo uma metodologia que envolve a busca por referências visuais relacionadas ao contexto da marca. Após a fase de pesquisa, inicio o processo de geração de alternativas. Busco fugir do óbvio, explorando caminhos menos literais. O próximo passo é testar a pregnância das alternativas geradas, verificando se o público consegue identificar e entender a marca com facilidade. Após a escolha da identidade visual, é crucial estabelecer normas de uso para garantir a eficácia do projeto. Um manual de identidade visual ajuda a preservar a consistência da comunicação, detalhando o uso correto da marca, logotipo, cores, tipografia e aplicações em diversos materiais.

Cases: o processo de criação das marcas We Follow e Lucchi

Em minha jornada como *designer* e estrategista de marca, tive o privilégio de trabalhar em projetos que, além de desafiadores, foram imensamente gratificantes. Um exemplo disso foi a criação do projeto de *branding* e identidade de marca para a franquia de Studio Personal We Follow. O principal objetivo era comunicar a proposta de uma experiência de personalização que transcendesse o treino físico, promovendo uma verdadeira jornada de transformação. Para isso, a estratégia de *branding* foi fundamental, especialmente sobre posicionar a marca como símbolo de bem-estar, saúde e estética. Na criação da We Follow, buscamos sintetizar no logotipo e nos elementos gráficos o dinamismo e a personalização que o estúdio oferece. A *tagline* "Conexão que transforma" reflete o propósito de criar conexões significativas com os alunos, incentivando a superação de limites. O uso das cores e a escolha tipográfica transmite movimento e ajudou a diferenciar a marca em um mercado tão competitivo, destacando sua promessa de personalização e evolução constante.

Outro *case* importante foi o projeto de reposicionamento da Lucchi, uma empresa distribuidora de componentes para sistemas de iluminação, presente no mercado desde 1989, que precisava atualizar sua marca para se alinhar às tendências do mercado. Além do reposicionamento, o desafio foi também redesenhar a marca, preservando seus traços originais identificadores, mas trazendo ajustes no símbolo, alteração na tipografia e uma nova paleta de cores para o sistema de aplicações. O desafio da nova marca era transmitir sua autoridade técnica e, ao mesmo tempo, destacar sua capacidade de iluminar possibilidades para seus clientes. Trabalhamos intensamente no projeto para manter a essência da marca, ao mesmo tempo em que trazíamos os aspectos de inovação. O *redesign* da identidade visual, com formas mais dinâmicas e uma paleta de cores moderna, refletiu renovação, sem perder a solidez e a confiabilidade que já eram características fortes da marca.

Antes **Depois**

Elementos visuais e conexão emocional

Algo que sempre me encanta no *design* de marcas é o poder de gerar conexões emocionais. Quando criamos uma identidade visual, não trabalhamos apenas com formas, cores e linhas. Estamos desenhando emoções. A identidade visual é o primeiro contato emocional que o público tem com uma marca, o que torna esse processo fascinante. Quando pensamos, por exemplo, no logotipo da Disney, aquele castelo icônico nos transporta ao universo dos sonhos e da magia. Cada elemento visual deve ser pensado para nos conectar à história que a marca quer contar.

Com o avanço das tecnologias, o *design* de marcas evoluiu. As marcas dos anos 1990 são bem diferentes das atuais. Hoje, muitas marcas abraçam o minimalismo para transmitir clareza e foco. O excesso de informação visual dá lugar a logotipos mais simples e cores neutras.

Essa é uma tendência, mas não uma regra. Cada marca deve adotar um estilo que respeite sua essência e seja adaptável aos formatos digitais. No entanto, autenticidade continua crucial. A identidade visual deve refletir o que a marca representa.

Algo que aprendi trabalhando com marcas é que a identidade visual é um importante ativo da marca, mas também não é tudo. Ela deve refletir a estratégia de *branding* e conectar a marca ao seu público e, se bem construída, torna a marca relevante. O que faz uma marca ser memorável não é apenas seu logotipo, mas a história que ela conta, as emoções que desperta e o valor construído.

Referências bibliográficas

AAKER, D. A. *Marcas*: Brand Equity – Gerenciando o valor da marca. São Paulo: Elsevier, 1988.

CONSOLO, C. *Marcas: design* estratégico. Do símbolo à gestão da identidade corporativa. São Paulo: Blucher, 2015.

STRUNK, G. *Como criar identidades visuais para marcas de sucesso*. Rio de Janeiro: Rio Books, 2001.

WHEELER, A. *Design de identidade da marca*. Trad. Joaquim da Fonseca. 2. ed. Porto Alegre: Bookman, 2008.

“

Cleber Muniz

Branding é muito mais que uma escolha estética, é uma estratégia de negócio que coloca a marca no centro para nortear todas as decisões.

Dini Perez

Sou Dini Perez, considerada a número um em *branding* cultural no Brasil, *business partner* de Recursos Humanos. Com certificação internacional em Personal Branding, sou empresária há mais de vinte anos, sendo dez desses dedicados ao desenvolvimento de líderes e posicionamento estratégico de suas marcas pessoais, a fim de que sejam capazes de construir uma cultura sólida e forte em suas empresas.

Uso toda a experiência que adquiri no mundo corporativo como ex-executiva COO de um instituto de pesquisa e minha *expertise* como empresária para desenvolver, ao lado de empresários e *C-levels*, estratégias de comunicação assertiva, retenção e fidelização de talentos na organização, gerando e gerindo valores que serão fortalecidos pela cultura que criam por meio do método Brading Cultural.

Instagram
diniperezoficial

Site
diniperez.com.br

LinkedIn
Dini Perez

MARCA *que* MARCA

5 *BRANDING* CULTURAL É A BASE DE UMA EMPRESA POTENTE

Por Dini Perez

Antes mesmo de falar sobre a estratégia de negócios que mais tem impactado as empresas positivamente, permita-me introduzir um paralelo entre a minha história e o tema em questão. A falta de interesse e engajamento de pessoas em uma empresa sempre me despertou curiosidade. Nunca entendi direito porque alguém entrava tão feliz e motivado e, depois de um tempo, aquele trabalho se transformava apenas em uma tarefa.

Durante os muitos anos em que trabalhei com supervisão de equipes comerciais e como diretora operacional, acompanhei de perto os processos desencadeados pela falta de combinados explícitos e alinhamento de expectativas sobre comportamentos esperados e admitidos pela empresa. O mesmo acontecia com quem estava entrando no time e tinha uma série de questões não respondidas durante o aperto de mão do "Seja bem-vindo". Acompanhando isso ao longo do tempo, ficou evidente para mim a lacuna que existe nessa espécie de "contrato psicológico" e a urgência em preencher e alinhar esses espaços internos.

Os valores da empresa precisam fazer parte das primeiras informações que quem está embarcando precisa ter: tem de ser no *day one*. Só compreendendo o que a empresa espera é que o colaborador terá a chance de fazer escolhas e ter comportamentos que validem e reforcem essas escolhas. Afinal, o que ele espera e o mantém motivado é o senso de pertencimento ao propósito da empresa. O liderado quer fazer parte de algo maior, isso o estimula – ou pelo menos deveria, se estivermos falando aqui de alguém que se alinha com os valores da organização.

Isso nos leva às seguintes perguntas: "Qual é a causa pela qual as pessoas dentro de uma empresa devem lutar?" e "Eles acreditam, de verdade, no que a empresa defende?". Dê-lhes um motivo que faça sentido e veja a conexão acontecer. Acredito fortemente nisso e foi o que me trouxe até aqui.

Sou empresária há mais de vinte anos e, depois de quebrar uma das minhas empresas, decidi aprender tudo o que fosse necessário para que isso não acontecesse mais. Foram várias jornadas em busca de conhecimento, até que pude respirar tranquila com o sucesso da empresa que abri na sequência. A visão clara do tipo de cultura que queria ali trouxe uma excelente performance para o negócio, ressignificou meu estilo de liderança e fez valer cada aprendizado que tive.

Esse foi meu combustível. Até então, eu não tinha um motivo, ninguém me ensinou a identificar meus valores e princípios, o que atrasou minha evolução empresarial. Por isso, decidi aprender, aplicar e ensinar, facilitando o caminho dos próximos empresários.

Hoje, ensino pessoas a identificarem seus valores e mostro como é possível fazerem com que esses valores estejam presentes em sua empresa. Esse movimento traz clareza sobre quem essas pessoas são, no que são boas, o que buscam e o que realmente consideram importante. Saber disso as coloca na direção de comportamentos coerentes, do que faz sentido para elas. Na direção de alcançar realização e senso de propósito!

Branding cultural é a gestão da marca com base na cultura organizacional. Uma estratégia de negócios em que marca e cultura se retroalimentam através da dinâmica estabelecida pela liderança. O *branding* cultural é responsável pela orquestração que guia a empresa até o resultado que busca. É o único método capaz de desenvolver a visão estratégica de alinhamento entre a marca e a liderança de uma empresa na construção de uma cultura forte. Além disso, alinha o que é importante para líderes e liderados; direciona os comportamentos que farão parte dessa dinâmica de gestão de valor para a equipe, empresa e clientes; mostra como confiar, engajar, vender etc. Por meio do *branding* cultural, o dono se vê representado.

O peso de ganho na relação entre valores e cultura fica evidente quando uma pessoa assume comportamentos na empresa que reforçam que ela entendeu o que é importante para si.

Então, por que para a empresa é importante saber seus valores? Porque, tendo total clareza do que considera importante no negócio e os objetivos que espera alcançar, o empresário vai ser capaz de escolher as pessoas que se identificam e se alinham com esses valores, o que fica visível por meio dos comportamentos apresentados.

Do ponto de vista do colaborador que está entrando nessa empresa, é importante, antes de tudo, entender seus próprios valores, para identificar se essa empresa é um lugar para ele. Pessoas se engajam mais numa empresa porque se identificam com os valores dessa empresa e se sentem parte de algo maior. E, se os propósitos de empresa e colaborador estiverem alinhados, ficará mais fácil atingir os objetivos definidos.

O grande astro do *branding* cultural é o líder que, por uma visão clara do que está sendo buscado, vai retroalimentar e fortalecer a marca com a cultura; ele precisa estar preparado para avaliar quem está entrando e como reter esses profissionais do mercado, fazendo uma filtragem criteriosa e focada em atrair pessoas que se identifiquem com essa marca. O líder vai ajudar seus colaboradores a identificarem os próprios valores e se há alinhamento com os valores da empresa – que não necessariamente são os valores do decisor, mas que certamente estarão muito alinhados com os valores dele também.

O *branding* cultural é um jogo de ganha, ganha. Ganha a empresa que está contratando uma pessoa alinhada com o que a empresa acredita e está disposta a ter comportamentos que reforçam isso no dia a dia e em todos os processos. Ganha a pessoa que está entrando pelo aumento do nível de consciência sobre o que é valor para ela e como isso está ligado também ao que ela acredita, o que naturalmente vai ajudá-la a atingir seus objetivos pessoais.

Basicamente, a pessoa precisa entender quem ela é, conhecer o ambiente em que está inserida, se a empresa vai contribuir para esse reforço, numa relação saudável de trabalho, que não causa *burnout*, por exemplo – entendendo que *burnout* tem origem nas dinâmicas do ambiente de trabalho. A partir disso, essa pessoa terá comportamentos que vão reforçar o que a empresa também quer. E os ganhos para a empresa, pensando agora em resultados, são os melhores possíveis em faturamento, engajamento, fidelização de clientes, fidelização de funcionários.

Funcionando dentro de uma estrutura composta por três pilares, o *branding* cultural é capaz de retroalimentar diferentes pontos de fortalecimento da marca e da empresa. Nessa estrutura, a marca assume a função de esclarecer três coisas: comunicar o que ela é, comunicar o que ela faz e como expressa isso para quem tem contato com ela.

Já a liderança deve ter como meta fazer com que todos os envolvidos tenham total clareza sobre as intenções da marca, seus objetivos, suas ideias, seu método e sua visão. Isso vai compor a identidade cultural da empresa e o líder, seja ele dono ou gestor, tem a responsabilidade de transmitir isso de forma clara para quem está entrando nessa organização. Primeiro pensamos no que quer para a empresa, estabelecendo o que e como será feito e depois captamos pessoas que se alinhem com esses valores.

Tudo isso tem como finalidade fortalecer o tipo de cultura escolhida pelos *C-levels*, ali é feita a escolha dos valores que vão nortear tudo o que foi feito e pensado na organização. Tendo como grande objetivo gerir e gerar valor para todos. A grande meta com essa estratégia é gerir e gerar valor para a empresa, os *stakeholders*, fornecedores, clientes e todos que terão contato com a marca.

Sem *branding* cultural, mesmo o dono de uma grande marca corporativa, uma marca pessoal muito bem posicionada e com uma estratégia de marketing espetacular pode tropeçar no mundo dos negócios. Quanto maior a empresa, maior a necessidade de uma cultura conduzindo todas as condutas e estratégias de comunicação dentro dela.

Um exemplo de cultura forte e clareza sobre os valores que estariam presentes na empresa e intencionalidade nas ações, sem dúvida, foram pilares importantíssimos na construção da cultura de um dos maiores *cases* de sucesso no cenário mundial, o Nubank. Cristina Junqueira, com sua marca pessoal muito bem posicionada e coerente, sem dúvida nenhuma, é a excelente representante da empresa que tem orgulho das suas equipes e "sangue roxo" e segue buscando e defendendo com força seu objetivo maior, que é ter clientes cada vez mais apaixonados pela marca.

Só uma cultura forte é capaz de fazer de uma marca uma grande potência

O *branding* cultural dá base e ensina o empresário a delegar e confiar. Pessoas têm consciência do que têm de melhor e como podem contribuir e colocar isso em prática, pensando em crescimento da empresa e impacto positivo com clientes. Ele levanta bandeiras e engaja.

Quem tem cultura não tem medo!

Não tem medo de confiar e delegar, de contratar e, acima de tudo, de crescer; porque sabe exatamente que tipo de pessoas e comportamentos quer na sua empresa. Existe método, existe estratégia e, sim, é possível mapear e prever comportamentos nocivos à organização.

Entendendo a importância do *branding* cultural como fator, sobretudo, de saúde empresarial, desenvolvi um método para ajudar empresas e colaboradores a andarem alinhados. O principal objetivo é trazer resultados. É um grande pano de fundo para ajudar a empresa a chegar aonde ela precisa em faturamento, resultado e mercado. E acredito que não dá para fazer isso sem olhar para quem está dentro da empresa, para quem está fazendo essa empresa girar no dia a dia.

Um líder, dentro da realidade de *branding* cultural, precisa ter uma relação de proximidade com quem trabalha – o que não significa dizer que tenha de ter intimidade. Proximidade e intimidade não são sinônimos, portanto, aqui não são a mesma coisa. Dentro do nosso método, desenvolvemos um trabalho de comunicação assertiva que promove e coloca as coisas no lugar certo. A marca promete, a cultura cumpre e o *branding* cultural é o que torna isso possível.

MARCA
MARCA
MARCA

“

Dini Perez

Se você não tem *branding* cultural, você nem tem uma empresa de verdade.

Elirdes Costa

Sou uma marca pessoal nordestina, nasci em São Luís/MA e moro em Fortaleza/CE. Especialista em Marketing Executivo (FGV-SP), Gestão de Negócios e Marketing Estratégico (ESPM-SP) e *master* em Comunicação e Branding (ESPM-SP), sou uma professora universitária que já impactou mais de três mil alunos.

Tenho 25 anos de experiência contribuindo na elaboração de estratégias de comunicação e marketing para marcas como Kibon/Unilever, Ambev, Alphaville, Ford, Coca-Cola e Sebrae, além de universidades, construtoras e dezenas de outras marcas. Os últimos dez anos de carreira foram dedicados ao mercado de varejo de *shopping centers*.

Sempre conciliei minha carreira corporativa com o propósito de compartilhar conhecimento e ajudar cada indivíduo a valorizar e reconhecer a marca mais valiosa do mundo: a sua própria.

Instagram
elirdescosta | brandingparavoce

WhatsApp
+55 (98) 99601-6852

LinkedIn
Elirdes Costa

E-mail
elirdes@gmail.com

MARCA que MARCA

6

BRANDING É PARA VOCÊ: O FUTURO DAS MARCAS É PESSOAL

Por Elirdes Costa

No mundo de hoje, onde o digital possibilita a amplificação de tudo, o que define seu sucesso não é apenas o que você faz, mas como você comunica o que faz. Essa comunicação e essa construção de percepção são o que chamamos de ***branding***. E, sob esse pilar, está a principal abordagem deste capítulo: *branding* não é apenas para grandes empresas. Branding é, acima de tudo, para você! Porque a marca mais valiosa do mundo não é a Apple ou a Coca-Cola, a **marca mais valiosa do mundo é a sua marca pessoal**.

A verdade é que *branding*, o processo de construção e gestão de uma marca para um determinado produto ou serviço, não é exclusivo das empresas e corporações. Pelo contrário, ***branding* é para você**. E esse processo de gerenciamento de marcas aplicado às marcas pessoais chamamos de ***personal branding***.

Imagine por um momento estar em uma loja repleta de produtos idênticos nas prateleiras. O que faz você escolher um e não outro? Seria o rótulo, as cores, o nome, a embalagem? Agora, transporte essa ideia para o mercado de trabalho. Você, assim como esses produtos, está em uma prateleira imensa, cheia de outros profissionais que oferecem o mesmo que você. Mas a diferença, o que faz alguém ser escolhido em meio a tantos, não está no que todos têm em comum, mas no que é único em cada um.

E, como já dizia Jeff Bezos, "sua marca é o que as pessoas dizem sobre você quando você não está na sala". Esse mantra do *personal branding* serve para refletir sobre as mensagens que estamos emitindo para o mundo. Quais impressões estamos deixando nas pessoas? Quais diferenciais estamos comunicando? Qual posicionamento de marca estamos construindo?

O conhecimento técnico ou as competências profissionais, por mais impressionantes que sejam, não são mais suficientes para garantir o sucesso. É possível que você já tenha observado pessoas com menos experiência e habilidades que você ocupando posições de maior destaque ou ganhando mais do que imaginava ser possível. Qual é o segredo delas? Elas fizeram algo que muitos ainda não fizeram: **descomoditizaram-se.**

Então, para começar, vamos descomoditizar

Estamos na era da comoditização digital, mais especificamente a **comoditização das marcas pessoais.** Parece irônico, mas a era digital, que deveria libertar nossa criatividade e nossa autenticidade, acabou criando o que chamo de **fórmula do sucesso comoditizado**, que dita como você deve se apresentar ao mundo.

Marcas pessoais estão se tornando cópias em série, com profissionais reproduzindo o mesmo discurso, o mesmo visual, as mesmas poses, as mesmas fotos de perfil, mesmas palavras e frases de efeito, usando fórmulas prontas para se venderem. Em vez de autenticamente expressar quem são, estão buscando um pseudopadrão de sucesso para se encaixarem em um molde fabricado, acreditando que isso os tornará mais atraentes para o mercado. A verdade é que a comoditização sufoca a sua autenticidade. Impede que você se destaque e seja reconhecido pelo que é **único e interessante** em você, e é exatamente nesse ponto que reside o poder do *personal branding*.

A comoditização no contexto de marcas pessoais é perigosa, porque limita o potencial de crescimento. Quando você se torna uma *commodity*, seu valor é nivelado por baixo. Isso acontece porque *commodities* são bens indistinguíveis, sem características que os diferenciam. No mercado, elas competem apenas pelo preço e o mesmo ocorre com profissionais que não têm um posicionamento claro ou um diferencial que os faça se destacar. Eles acabam sendo avaliados unicamente pelo valor financeiro, pela capacidade de realizar tarefas e não pelo que trazem de especial para o trabalho ou para a sociedade.

Então, qual seria a verdadeira fórmula de sucesso? A descomoditização. Ser parte do padrão é ser parte do invisível. Você não precisa ser uma *commodity*, rejeite o caminho mais fácil da uniformização e aposte no que há de único em você. Quando você se descomoditiza, está abandonando a zona de conforto da mesmice e escolhendo trilhar um caminho de autenticidade.

O movimento de descomoditização não é apenas um conceito: é uma revolução necessária para quem quer conquistar relevância em um mercado que exige autenticidade e originalidade e, para tanto, acredito que existe um caminho seguro: abraçar a sua **interessância** – aquela combinação única de talentos, histórias e habilidades que só você tem.

Interessância: a chave para sua diferenciação

Descomoditizar-se é apenas o começo. O próximo passo é abraçar o que eu gosto de chamar de **interessância**, o seu conjunto único de habilidades, experiências, valores, características e histórias que, quando reconhecidas e lapidadas, podem se tornar sua maior **vantagem competitiva**.

É o que faz você ser quem é e é também o que vai fazer sua marca pessoal se destacar. Em vez de tentar ser igual a todos os outros, você precisa identificar sua interessância e usá-la para construir uma marca autêntica e memorável, que vai se destacar em um mercado saturado. E ela não está ligada apenas às suas habilidades técnicas ou à sua formação acadêmica. Ela reside, principalmente, na habilidade de combinar suas paixões, valores, forma de enxergar o mundo e habilidades na construção da sua narrativa pessoal.

A construção de uma marca pessoal baseada na interessância exige uma profunda introspecção. É necessário identificar o que realmente torna você interessante. Muitas vezes, isso não é algo que aparece de forma imediata ou óbvia. Pode exigir uma análise cuidadosa de suas experiências de vida, de seus interesses e da forma como você se relaciona com o mundo.

Simon Sinek, autor do conceito ***golden circle*** (2009), nos lembra da importância de entender o porquê por trás das ações. Ele argumenta que as pessoas não compram o que você faz, elas compram o porquê você faz. Esse porquê está profundamente ligado à interessância. Quando você descobre seu porquê e alinha sua marca pessoal a ele, você não apenas atrai atenção, mas constrói conexões significativas com as pessoas ao seu redor. Afinal, pessoas se conectam com pessoas, por isso é fundamental comunicar o que você faz, como faz e, principalmente, o porquê faz, é nisso que reside o seu superpoder. Isso tornará você uma marca "incopiável".

Outro conceito do *branding* tradicional, que também pode ser adaptado ao *personal branding* para ajudá-lo a encontrar sua interessância, abrange os famosos 4 Ps do marketing tradicional: Produto, Preço, Praça e Promoção. Pense em você como **Produto**, com habilidades e qualidades exclusivas; o **Preço** é o valor que você entrega ao mercado e como esse valor é percebido; a **Praça** é o seu posicionamento, ou seja, como e onde você se coloca no mercado; e a **Promoção** é a forma como você comunica sua interessância para o mundo.

A diferença crucial é que, ao contrário de um produto convencional, seu valor é infinito, porque ele está profundamente enraizado em seu potencial humano único. Isso significa que seu valor não é determinado por fatores externos, mas pela maneira como você desenvolve e comunica sua marca pessoal.

O impacto da marca pessoal na sua carreira

Ter uma marca pessoal forte faz toda a diferença no mercado de trabalho. Profissionais que investem em suas marcas são mais reconhecidos, promovidos e valorizados. Isso acontece porque uma marca pessoal bem construída comunica não apenas suas habilidades, comunica sua interessância, quem você é, o que você defende e como você faz a diferença.

Alfredo Soares, em *Todos somos uma marca* (2023), ressalta que "no mercado saturado em que vivemos, a maior vantagem competitiva é ser você mesmo, autêntico e único". Quando você desenvolve sua marca pessoal com clareza e propósito, as pessoas começam a perceber o valor único que você oferece e isso muda completamente a forma como elas se conectam e colaboram com você.

O futuro das marcas é pessoal

Vivemos em um mundo em que pessoas se conectam com pessoas. As grandes corporações já perceberam isso. Empresas como Magazine Luiza têm em Luiza Helena Trajano uma poderosa porta-voz de seus valores. O mesmo acontece com Caito Maia na Chili Beans e Adam Mosseri no Instagram. CEOs com marcas pessoais fortes não apenas representam suas empresas, mas também criam uma conexão emocional com seus públicos.

Essas marcas pessoais por trás de grandes empresas mostram que, no fim do dia, **pessoas se conectam com pessoas**. E isso vale para você. Sua marca pessoal é o seu maior ativo. E quanto mais forte e autêntica ela for, maior será sua capacidade de criar conexões significativas, de influenciar e, consequentemente, de gerar valor – para você e para os outros.

A tendência está evidente: o futuro das marcas é pessoal. E isso não é apenas uma oportunidade para grandes líderes empresariais. É uma oportunidade para cada um de nós. Quanto mais investimos em nossa marca pessoal, mais nos diferenciamos e aumentamos nosso valor no mercado.

***Branding* é para você**. Se você ainda não começou a construir sua marca pessoal, saiba que o momento é agora. Ao construí-la, você está investindo no seu maior ativo: você mesmo. Lembre-se das palavras de Seth Godin, em *A vaca roxa* (2022): "Ou você é uma vaca roxa, ou você é invisível". O que vai fazer você ser notável é sua interessância, sua autenticidade e sua coragem de se descomoditizar.

Cuidar da sua marca pessoal não é mais uma opção; é uma necessidade. *Branding* é, sim, para você. Se as empresas investem milhões em suas marcas, por que você não deveria investir em si mesmo? E, agora que você já sabe de tudo isso, conte comigo para ajudá-lo na descoberta da sua interessância. Vamos juntos construir a marca mais valiosa do mundo: a sua. Afinal, se o futuro das marcas é pessoal, você precisa estar pronto para isso!

Se este breve capítulo despertou o seu interesse em saber mais sobre o tema, ou despertou o desejo por passos práticos para a descoberta da sua interessância e construção de uma marca pessoal autêntica, siga o perfil @brandingparavoce nas redes sociais.

Referências bibliográficas

BENDER, A. *Personal branding*: construindo a sua marca pessoal. São Paulo: Integrare Editora, 2009.

COUTO, A. *A r(evolução) do* branding. São Paulo: Editora Gente, 2023.

GODIN, S. *A vaca roxa*: como transformar o seu negócio e se destacar dos concorrentes. Trad. Valeria Chamon Osborne. Rio de Janeiro: Best Business, 2022.

SINEK, S. *Comece pelo porquê*. Trad. Paulo Geiger. Rio de Janeiro: Sextante, 2018.

SOARES, A. *Todos somos uma marca*: construa seu ecossistema de vendas por meio de influência, conteúdo e experiência. São Paulo: Gente, 2023.

“

Elirdes Costa

Ser parte do padrão é ser parte do invisível. É na sua interessância que vai encontrar o verdadeiro valor da marca VOCÊ.

Fabiana Rinaldi

Sou Fabiana Rinaldi, natural de Araraquara/SP e residente de Portugal. Vivo com minha família: meu marido Leandro, com quem sou casada há dezessete anos, e meus filhos Mateus e Felipe. Sou farmacêutica, estrategista olfativa, perfumista, palestrante e CEO da La Bougie Flowers. Há treze anos, atuo como estrategista olfativa no Brasil e em Portugal, ajudando empresas, eventos e lares a criarem experiências sensoriais e olfativas. No Brasil, sou franqueada de uma empresa de marketing olfativo e perfumaria. Em 2019, fundei a La Bougie Flowers em Portugal, encantando marcas e eventos com fragrâncias exclusivas, que refletem minha essência de aconchego e vitalidade. Meu *branding*-mantra é claro: "Perfumes que refletem a sua alma".

Instagram
fabianarinaldi.perfumista | labougieflowers

WhatsApp
+351 964 671 116

E-mail
labougieflowers@gmail.com

MARCA *que* MARCA

7 *BRANDING* OLFATIVO: ENCANTAR E AUMENTAR VENDAS

Por Fabiana Rinaldi

Neste capítulo, vou abordar como podemos encantar o nosso cliente através dos perfumes assinaturas. Então quero que você se imagine entrando em uma loja de roupas femininas de alto padrão. O ambiente é sofisticado e acolhedor, com uma paleta de cores que transmite elegância, sofisticação e calor: tons de marrom, creme, branco, dourado e toques de laranja que criam uma atmosfera convidativa e de bem-estar. Mas, antes mesmo de seus olhos apreciarem os detalhes do *design*, o que realmente lhe envolve é a fragrância.

Uma fragrância floral refinada preenche o ar. As notas da flor ylang ylang, por exemplo, trazem um toque exótico e feminino. O sândalo e o vetiver adicionam profundidade e sofisticação, enquanto o almíscar e a baunilha criam um fundo suave e acolhedor. A saída fresca de bergamota e mandarina completa o ambiente, dando uma sensação vibrante e renovadora assim que você entra. O seu cérebro inicia reações químicas que vão desencadear inúmeras sensações, como prazer, acolhimento, energia, vibração, relaxamento, entre outras. O sistema límbico será o responsável por essas emoções e pela memória.

Essa fragrância se mescla perfeitamente com a estética luxuosa da loja, criando uma experiência sensorial que vai além da visão. O cheiro envolve seus sentidos e faz com que você se sinta não apenas em uma loja, mas em um lugar onde o luxo e o conforto se encontram. Agora, eu pergunto: o que faz com que você deseje ficar mais tempo ali? O que faz você lembrar dessa marca quando, em algum outro lugar, essa fragrância o envolve novamente? É a fragrância que conta a história do espaço e conecta emocionalmente você à marca.

Assim como um logotipo ou um *slogan*, uma fragrância vai completar esta poderosa ferramenta de *branding*, que é capaz de transformar a identidade de uma marca de forma sutil, porém impactante. No entanto, enquanto logotipos e slogans são elementos visuais e verbais, a fragrância atuará em um nível mais profundo e invisível, muitas vezes esquecido e subestimado pelas empresas. O diferencial do *branding* olfativo está no fato de atingir diretamente o sentido mais primitivo e emocional que possuímos: o olfato.

Distintamente dos outros sentidos, o olfato está diretamente ligado de forma irracional ao sistema límbico, a parte do cérebro responsável por regular emoções e memórias. Isso significa que um cheiro familiar pode desencadear lembranças específicas e reações emocionais poderosas, sem que sequer estejamos conscientes disso. Essa ligação direta e intensa com nossas emoções torna a fragrância uma ferramenta estratégica crucial para criar uma conexão profunda e duradoura com os consumidores.

Ao criar uma assinatura olfativa, a marca vai além do visual e entra no território emocional, estabelecendo uma presença invisível, mas tangível, na vida do consumidor. Uma fragrância bem escolhida pode evocar sentimentos de conforto, luxo, frescor ou confiança, dependendo das notas olfativas e do contexto em que é usada. Com isso, ela não apenas reforça a identidade da marca, mas também cria um elo emocional que faz com que o consumidor se lembre da marca de maneira positiva e duradoura, mesmo quando não está diretamente exposto a ela.

O *branding* olfativo é mais do que simplesmente um "cheirinho" agradável no ambiente; é uma ferramenta poderosa para criar uma conexão emocional invisível com o cliente. Quando uma marca utiliza uma fragrância cuidadosamente desenvolvida, ela atinge um nível profundo de envolvimento, muito além do que os olhos podem ver. Essa fragrância atua silenciosamente, permeando o espaço e tocando as emoções de quem a sente, sem que a pessoa perceba conscientemente.

Essa é a magia do *branding* olfativo: ele cria uma lembrança emocional duradoura, capaz de fortalecer o vínculo entre o cliente e a marca, mesmo quando o cliente não está fisicamente presente no ambiente. É uma assinatura invisível, que age de maneira sutil, mas profundamente eficaz, formando uma ponte sensorial entre a marca e as emoções do consumidor. A cada respiração, essa fragrância reconta a história da marca e reforça a conexão, deixando uma impressão indelével na memória e no coração de quem a vivencia.

Pesquisas mostram que as fragrâncias podem influenciar o comportamento do consumidor, aumentando a retenção de memória e até a percepção de valor de um produto ou serviço. Por exemplo, marcas de varejo, hotéis e restaurantes utilizam assinaturas olfativas para oferecer uma experiência única. Ao entrar em uma loja com uma fragrância exclusiva, o cliente associa o cheiro à marca, o que gera lembranças e sentimentos que o incentivam a retornar. Esse tipo de *branding* não age de forma isolada, mas como uma camada sensorial que complementa outros elementos visuais, auditivos e táteis, criando uma identidade de marca completa. A fragrância se torna uma extensão da marca, reforçando a conexão emocional e transformando a experiência de consumo em algo inesquecível.

No livro *Brand Sense*: *os segredos sensoriais que nos levam a comprar* (2013), Martin Lindstrom cita que os resultados de um estudo revelaram que quanto mais pontos de contato sensoriais estiverem disponíveis para o consumidor, maior será o número de memórias sensoriais ativadas e mais forte será a ligação estabelecida entre a marca e o consumidor. Consequentemente, o valor da marca aumenta.

Pesquisas na Universidade de Rochefeller, em Nova York/EUA, apontaram que as pessoas lembram de 35% do que elas cheiram, em comparação com apenas 5% do que elas veem, 2% do que elas ouvem e 1% do que elas tocam (MEMÓRIA OLFATIVA, 2024).

Trago esses estudos para mostrar o quanto é importante uma marca ter o seu *branding* olfativo personalizado e exclusivo. Se você tem uma empresa, independentemente do ramo e do nicho, e ainda não tem *branding* olfativo, você está deixando de faturar e encantar o seu cliente.

A criação de experiências memoráveis

A psicologia do cheiro mostra que fragrâncias agradáveis têm o poder de influenciar decisões. Estudos indicam que ambientes perfumados aumentam o tempo de permanência em lojas e aceleram o processo de decisão de compra. Um aroma bem escolhido pode evocar emoções que incentivam o cliente a comprar ou até mesmo a voltar ao espaço com frequência, tornando inesquecível a experiência com a marca.

Um exemplo de narrativa sensorial é a criação de fragrâncias que contam a história de uma marca. Um perfume com notas de sândalo e almíscar pode evocar luxo e sofisticação, enquanto essências de frutas cítricas transmitem frescor e energia. O cheiro se torna uma assinatura olfativa, uma memória viva que, sempre que sentida, transporta o cliente àquela marca, criando uma conexão emocional que transcende o espaço físico.

Essa é a magia do *branding* olfativo: transformar o ordinário em extraordinário, criando uma experiência que fideliza e encanta.

Como usar o *branding* olfativo para aumentar vendas

Para começar a utilizar o *branding* olfativo, a escolha da fragrância é fundamental. Ela deve estar alinhada com os valores e o público da marca. Uma loja de roupas de alto padrão pode optar por uma fragrância sofisticada com notas de ylang ylang e sândalo, enquanto uma marca voltada para o público jovem pode escolher algo mais fresco e energético, como cítricos e bergamota. Consultar um estrategista olfativo é essencial nesse processo, garantindo que a fragrância escolhida comunique corretamente a identidade da marca e atinja o público desejado. Além disso, é importante aplicar essa fragrância em diferentes pontos de contato: na loja física, em eventos da marca e até mesmo em embalagens de produtos. Estudos mostram que fragrâncias criam associações inconscientes que influenciam decisões de compra. Por exemplo, em um ambiente que exala um aroma agradável e constante, os clientes tendem a se sentir mais relaxados, confiantes e propensos a explorar mais o espaço. Isso aumenta o tempo de permanência e a probabilidade de uma compra. Um exemplo claro é o descrito por Martin Lindstrom: o impacto da fragrância dos Hóteis Le Meridién, que, atualmente, emanam uma fragrância de livros velhos e pergaminho. O objetivo? Produzir na mente dos hóspedes um estado de espírito alinhado com o posicionamento do hotel como destino ideal para as pessoas que buscam novas perspetivas culturais e de vislumbre da história.

Uma assinatura olfativa que deixa marcas

Imagine que sua marca tem o poder de criar uma conexão que vai além dos produtos ou serviços que oferece. Pense na possibilidade de deixar uma impressão tão profunda que, mesmo depois de o cliente sair do seu ambiente, sua marca continue a acompanhá-lo – não através de uma propaganda visível, mas por meio de uma assinatura olfativa que desperta memórias e emoções.

O *branding* olfativo vai muito além de apenas perfumar um espaço. Ele transforma a experiência do consumidor, criando momentos inesquecíveis que serão lembrados toda vez que aquele aroma familiar surgir, seja em uma loja, em casa ou em qualquer outro lugar. Essa fragrância, única e exclusiva, é a ponte entre o sensorial e o emocional. Ela faz com que sua marca seja vivida e sentida, não apenas vista.

Imagine o impacto duradouro que uma assinatura olfativa pode ter no seu público. Uma fragrância bem executada cria associações positivas, que permanecem gravadas na memória, muitas vezes para sempre. É essa marca invisível que, silenciosamente, cria uma conexão emocional profunda, fazendo com que o cliente volte, deseje mais e, acima de tudo, se sinta parte da história que sua marca está contando.

O *branding* olfativo é a assinatura invisível que deixa marcas – no ar, no coração e na memória.

Referências bibliográficas

HERZ, R. S. *The Scent of Desire*: Discovering Our Enigmatic Sense of Smell. Nova York: Harper Perennial, 2007.

KRISHNA, A. *Customer Sense*: How the 5 Senses Influence Buying Behavior. Nova York: Palgrave Macmillan, 2013.

LINDSTROM, M. *Brand Sense*: Build Powerful Brands through Touch, Taste, Smell, Sight, and Sound. Florence: Free Press, 2010.

MEMÓRIA olfativa: a ligação dos cheiros com as nossas lembranças. *Valia Verso*, 24 abr. 2024. Disponível em: https://valiaverso.com.br/memoria-olfativa-a-ligacao-dos-cheiros-com-as-nossas-lembrancas/. Acesso em: 28 out. 2024.

“

Fabiana Rinaldi

Esta é a magia do *branding* olfativo: transformar o ordinário em extraordinário, criando uma experiência que fideliza e encanta.

Flávia Waltrick

Sou Flávia Waltrick, empresária e especialista no desenvolvimento de marcas com propósito. Formada em Design Gráfico no Brasil, estudei Personal Branding na Universidade de Berkeley, Estados Unidos, e Fotografia nas Belas Artes do IPAM, em Portugal, onde também fiz pós-graduação em Marketing.

Fundadora do estúdio de *personal branding* F8LIFE, desenvolvi centenas de marcas com propósito. Nos últimos anos, ensinei minha metodologia para mulheres criarem suas marcas e deixarem seu legado. Foram seis turmas concluídas com sucesso.

Sou a idealizadora do projeto Eu Sagrado, dedicado ao bem-estar e à espiritualidade de mulheres empresárias. Sou também sócia em uma empresa de turismo, que recebe pessoas do mundo todo, proporcionando experiências únicas na cidade que escolhi para viver: o Porto, em Portugal.

Instagram
fla.waltrick | eusagrado.ig

WhatsApp
+351 935 849 348

E-mail
flaviabwaltrick@gmail.com

MARCA que MARCA

8 A ESSÊNCIA DO *BRANDING*: MAIS DO QUE UM LOGOTIPO

Por Flávia Waltrick

Marcas de sucesso não nascem apenas de um logotipo. São construídas com base em conexões emocionais, propósitos claros e narrativas autênticas. Todos os dias, vemos novas marcas surgindo e muitas outras desaparecendo. O que define o destino de uma marca vai muito além dos elementos visuais.

O ponto de partida para o sucesso duradouro de uma marca está na percepção de valor que o consumidor atribui aos produtos ou serviços oferecidos, na conexão emocional estabelecida com o público e na experiência do cliente em todos os pontos de contato, desde o site ou as redes sociais até o atendimento. Quando tudo isso é orquestrado de forma intencional e coerente, temos o que chamamos de *branding*. E eu quero mostrar como você pode utilizar isso nos seus projetos e negócios também.

Você já deve ter notado que algumas marcas conseguem encantar as pessoas e permanecer relevantes ao longo do tempo, enquanto outras desaparecem rapidamente, mesmo oferecendo produtos de qualidade similar ou até superior. Marcas que sobrevivem e prosperam não o fazem apenas por causa de bons produtos ou preços competitivos, mas porque conseguem criar um significado que ressoa profundamente com seu público e estabelecem uma conexão emocional duradoura por meio da comunicação. Em contraste, marcas que não conseguem criar essa conexão enfrentam dificuldades para se destacar. Mesmo com produtos excelentes, essas marcas se tornam passageiras, incapazes de manter a atenção e a lealdade do consumidor.

O que acontece – e eu espero que não aconteça com a sua marca – é que muitas empresas se limitam à parte visual e a uma comunicação intuitiva nas redes sociais. Essa abordagem superficial do conceito da marca muitas vezes resulta em uma desconexão emocional com o público. Sem um significado claro para cada produto ou serviço, essas marcas perdem a oportunidade de engajar seus consumidores e, ao ignorarem o poder da comunicação intencional, se tornam apenas mais uma, aumentando as chances de desaparecer ao longo do tempo.

Todas as marcas que se mantêm no mercado e conquistam a fidelidade de seus clientes têm algo em comum: vão além do simples ato de vender produtos. Cada uma delas possui uma personalidade autêntica, criam movimentos, ideologias e narrativas que se conectam emocionalmente com o público. Elas dão voz aos clientes que, muitas vezes, não conseguem se expressar. Seus produtos não apenas atendem a uma função prática; eles carregam um significado mais profundo, fazendo com que o consumidor se sinta parte de algo maior, seja de um grupo ou de um movimento.

Além disso, essas marcas têm um grande diferencial que é moldado pelo *branding*: uma cultura organizacional sólida, que integra profundamente os funcionários ao sistema de crenças, rituais, narrativas e valores da empresa. Quando bem estruturada, essa cultura se expande além das fronteiras internas, alcançando o público consumidor, que se torna não apenas cliente, mas um verdadeiro embaixador da mensagem e dos valores que a marca defende.

Como dito anteriormente, é preciso vender muito mais do que produtos: as marcas precisam oferecer uma visão de mundo; criar um futuro desejável para seus clientes, uma ideia de vida que eles almejam. Assim, o produto se torna uma ponte para alcançar esse futuro e a marca, o convite para que todos caminhem juntos nessa jornada. Esse é o poder de aplicar o *branding* no seu negócio: conectar propósito, produto e público em uma experiência transformadora.

Mas não se engane, o *branding* não é uma prática exclusiva para grandes empresas. Mesmo pequenas empresas ou indivíduos empreendedores podem criar algo com significado ao usar estratégia e intenção. O *branding* permite que você estabeleça uma narrativa que ressoe profundamente com seu público, transformando sua visão em uma realidade compartilhada. Você pode fazer isso trazendo histórias autênticas e significativas, por exemplo, e a partir daí criar uma conexão emocional que vai muito além da compra: transforma seus clientes em defensores da marca. Esses "fãs" espalham sua mensagem, transformando-a em um legado.

Para exemplificar, eu poderia trazer uma das centenas de marcas que já criei para clientes, mas vou utilizar o exemplo da minha própria marca, que tem uma estratégia minuciosa de *branding* para não só criar conexão com o público, mas também para formar uma comunidade.

O Eu Sagrado é um projeto com três vertentes: um blog, uma loja on-line e um espaço terapêutico presencial. Ao criar o Eu Sagrado, minha intenção era clara: oferecer uma experiência significativa para mulheres que, assim como eu, buscam uma vida com propósito, espiritualidade e bem-estar. O *branding* me permitiu transformar esse desejo em algo tangível, desde a escolha do nome e das cores até a narrativa que conecta cada produto à crença central da marca: o poder da conexão interior e a importância de buscar o sagrado dentro de cada um de nós. Essa crença central se reflete em tudo o que ofereço no Eu Sagrado – desde os conteúdos do blog e os serviços do espaço físico até os produtos da loja on-line. Assim, as clientes não estão apenas adquirindo um objeto, mas abraçando um estilo de vida que desejam ter, sentindo-se mais próximas dessa realidade por meio da marca.

Com base nesse propósito, desenvolvi um mantra que ressoa em cada ponto de contato da marca: "O caminho para uma vida com propósito é para dentro". Essa mensagem não só guia toda a comunicação, como também alinha toda a experiência que quero proporcionar aos clientes – desde o primeiro clique no site até o suporte pós-venda.

O Eu Sagrado não se limita a vender produtos de bem-estar e espiritualidade. Ele representa um movimento de reconexão com o seu eu interior, algo que muitas das minhas clientes já buscavam, mas ainda não conseguiam expressar por conta própria. Eu lhes ofereço essa voz e essa visão de futuro: uma vida de equilíbrio, propósito e plenitude. E é isso que torna o Eu Sagrado uma marca não só relevante, mas também memorável.

Além disso, ao longo da jornada do Eu Sagrado, a construção da marca foi fortalecida pela criação de uma narrativa autêntica e alinhada com os valores que defendo em cada história compartilhada, cada experiência e para que cada ensinamento promova a transformação interior. Todas as ações da marca, desde uma postagem nas redes sociais até o lançamento de um novo produto, estão conectadas ao propósito maior de impactar positivamente a vida das mulheres que fazem parte dessa comunidade. Esse cuidado com a coerência e a profundidade em cada detalhe é o que transforma clientes em defensoras da marca.

Agora que você compreendeu os pilares do *branding*, convido-lhe a refletir sobre algumas questões essenciais que ajudarão você a moldar e refinar sua própria marca. Essas perguntas são as mesmas que faço ao começar o desenvolvimento de uma nova marca, seja para um cliente ou para uma marca minha.

- Qual é a crença central (o que você defende) da sua marca?
- Qual é o propósito maior que você quer alcançar com seu produto ou serviço?
- Quais são os valores essenciais que sua marca representa?
- Qual é a história de origem da sua marca? Como você começou e o que o inspirou a criar essa marca?
- Contra o que sua marca luta? Quais são os "inimigos" que você combate? (Pode ser um concorrente, uma prática comum no mercado ou um problema que você resolve.)
- Como a sua marca se posiciona de maneira diferente e mais autêntica em relação a esse "inimigo"?
- Qual é o seu mantra ou *slogan*, aquela frase curta e poderosa que resume sua missão e crença central?
- Como essa mensagem ajuda a comunicar rapidamente o que sua marca representa?
- Como você deseja que seus clientes vejam sua marca?
- Quais emoções você deseja que os clientes sintam ao interagir com sua marca?
- Qual é o futuro desejável que você vai comunicar e levar ao seu público através de suas soluções?

Com as respostas em mãos, você não apenas terá uma visão mais clara do que sua marca tem a oferecer ao mundo, mas também estará em uma posição privilegiada para se destacar no mercado.

Para fortalecer sua marca, sugiro que comece a implementar pequenas ações diariamente: ouça seu público, busque *feedback* constante e ajuste sua comunicação. Crie rituais que reforcem a cultura da sua marca e promovam um ambiente onde todos compartilhem a mesma visão e os mesmos valores, tenho certeza de que isso vai fazer toda a diferença no seu negócio.

Lembre-se de que o *branding* é mais do que uma estratégia – é a alma do seu negócio. Quando feito de forma intencional, ele não apenas ajuda a ocupar um espaço na mente do seu cliente, como toca em seu coração. E, quando você conquista esse lugar, ninguém pode tirá-lo. Em um mundo onde a concorrência é intensa e as opções são abundantes, investir no *branding* pode ser a diferença entre ser apenas mais uma opção ou se tornar a escolha preferida. Espero que este capítulo tenha despertado uma nova visão para a sua marca e que, juntos, possamos construir algo realmente especial. Estou aqui para ajudar você a transformar sua visão em realidade e a criar o legado que você deseja.

MARCA
MARCA
MARCA

"

Flávia Waltrick

O poder do *branding* está em transformar produtos em pontes que conectam o cliente ao futuro que ele deseja alcançar.

Felipe Sanffe

Sou Felipe Sanffe, paraense, publicitário, especialista em Branding, neuromarketing e professor de gestão, negócios e empreendedorismo.

Minha jornada é uma verdadeira aventura no universo das marcas, onde procuro transformar ideias em histórias de sucesso.

Como protagonista da minha própria narrativa, construí uma carreira sólida no empreendedorismo digital, sempre em busca de inovação.

Atuo como consultor de marketing digital, e já colaborei com programas do SEBRAE. Também sou embaixador de iniciativas nacionais inspiradoras como a Jornada Amazônia.

Como CEO e fundador da Bridge Marketing e Achei Amazônia, estou sempre em movimento, acumulando experiências que me conectem com o empreendedorismo de impacto e o futuro das marcas. Amo viajar e tirar boas fotos com a minha câmera, registrando novas histórias e deixando minha marca pelo mundo.

Instagram
felipesanffe

LinkedIn
Felipe Sanffe

MARCA que MARCA

9 AS 5 ETAPAS FUNDAMENTAIS PARA A CONSTRUÇÃO DO *BRANDING* DIGITAL

Por Felipe Sanffe

No mundo de hoje, onde quase tudo acontece no ambiente digital, construir uma marca é muito mais do que "estar on-line". É sobre dar vida a um propósito claro, que reverbera tanto nos seus valores pessoais quanto nas necessidades do mercado. E, na minha visão, o ponto de partida para qualquer jornada de *branding* digital começa com o que chamo de "etapa zero", o momento de introspecção em que você define a alma da sua marca.

Para dar o primeiro passo, é essencial olhar para dentro e fazer a pergunta crucial: "O que realmente me move a criar esta marca?". Essa motivação vai além de qualquer objetivo comercial; representa uma fusão dos valores, das experiências que moldaram você e do entendimento que você tem sobre o mundo ao seu redor. Esse é o instante de identificar quais são os seus valores inegociáveis, o que torna sua marca única e o impacto que deseja causar no cenário digital.

Com essa "verdade central" em mente, todo o caminho para o *branding* digital se torna mais claro. Essa compreensão interna é o que guiará cada decisão futura – desde a identidade visual até as estratégias de comunicação. Definir o centro do conceito da marca é como dar o primeiro passo em uma jornada de branding que, além de estratégica, é genuinamente pessoal.

Então, pronto para começar? Vou compartilhar os cinco passos que desenvolvi e aplico nas minhas jornadas de marca. *Let's go!*

Marco zero: introspecção e definição do propósito

A construção de uma marca começa com uma boa dose de autoconhecimento. Pense no **marco zero** como aquele momento em que você, mais do que planejar o futuro da sua marca, mergulha nas perguntas essenciais que darão sentido a tudo isso: "Por que estou criando essa marca?", "O que ela representa de verdade para mim e para o mercado?", "Quais são os meus valores inegociáveis?".

Esse começo é sua chance de moldar um propósito que não seja apenas bonito na teoria, mas que funcione como uma bússola para cada ação que você implementar daqui em diante. Propósito é o que evita que sua marca seja apenas mais uma cópia de tantas outras. Com propósito, você cria uma identidade única e, convenhamos, bem mais interessante.

E aqui vai uma verdade que pode pegar alguns de surpresa: **nós mesmos somos uma marca em potencial**. Descobrir e dar vida ao nosso propósito é o que nos faz protagonizar a nossa própria história e estabelecer a maneira como queremos ser vistos no mundo. Ao criar uma marca com esse nível de clareza e propósito, o que você realmente constrói não é só um negócio, mas uma narrativa genuína, em que valores, paixões e intenções se unem de forma poderosa.

Então, encare o marco zero como aquele momento épico de descobrir o que realmente move a sua marca e deixe essa essência guiar todas as etapas seguintes. A autenticidade é o que fará seu público certo se conectar e acreditar na sua marca, criando uma história que não só vale a pena ser contada, mas que ganha vida própria.

Marco zero: transformando o propósito em ação

Se tem uma coisa que aprendi na vida é que ideias não têm hora para surgirem. Para mim, o *brainstorming* é quase um modo de vida. Vivo de ideias: durmo com elas, acordo com elas e não passa um dia sem que eu esteja escrevendo ou compartilhando alguma nova sacada – quem sabe a próxima grande ideia! É como se esse talento estivesse sempre em desenvolvimento, em uma espécie de evolução contínua e sem descanso (até nos sonhos as ideias surgem!).

E é exatamente assim que essa prática do marco zero deve começar: naturalmente, sem travas. Você pode ter ideias facilmente ou não, porém estabeleça isso como uma atividade que ajuda muito nessa estruturação inicial de marca. Pegue papel e caneta e deixe as ideias correrem livres. Escreva de maneira espontânea, deixe fluir. Perguntas como "Por que essa marca existe?", "Que valores ela carrega?" e "Como eu quero que as pessoas a enxerguem?" são ótimos gatilhos para transformar propósito em ação concreta.

Se preferir algo mais estruturado, vale buscar suporte. Mas o importante aqui é ser autêntico. Afinal, quanto mais natural e verdadeiro for esse primeiro passo, mais sólida será a fundação que você está criando.

Etapa 1: coleta e análise de dados de mercado e referências

Agora que definimos o propósito da sua marca, é hora de olhar para o mercado. Nessa etapa, atuamos como "detetives de marcas", observando o contexto em que sua marca irá se inserir.

Começamos analisando o comportamento dos consumidores, seus interesses e expectativas. Entender as marcas que já fazem parte da vida deles é crucial. Além disso, precisamos investigar a concorrência: quais marcas ocupam esse espaço? Quais são seus pontos fortes e onde elas falham? Como sua marca pode se destacar?

Essa etapa também envolve reunir referências visuais e conceituais, observando como outras marcas transmitem seus valores, especialmente aquelas que atraem seu público-alvo. Utilize ferramentas práticas, como a matriz SWOT, para estruturar uma visão clara do mercado e das tendências, identificando o que pode agregar valor à sua marca.

O objetivo é encontrar os diferenciais que farão sua marca se destacar. Com um propósito forte e uma compreensão clara do mercado, a essência da sua marca começa a se tornar tangível e pronta para brilhar no cenário competitivo. Vamos nessa!

Etapa 2: *brainstorming* e criação de conceitos iniciais

Essa é a minha fase favorita, pois é nela que me vejo navegando na criatividade, testando ideias, brincando com conceitos e deixando a imaginação correr solta. Não há nada como aquele estímulo para criar algo que ainda não existe, algo que pode ser o próximo grande passo de uma marca. Esse momento, para mim, é pura liberdade, uma combinação de desafio e diversão.

Durante o *brainstorming*, os detalhes ganham vida: desde logotipos até tons de voz e possíveis slogans. É a etapa em que todas as inspirações e referências que coletamos sobre o mercado e o público vão sendo transformadas em algo visual, algo que comunica. Com uma equipe colaborativa, ou até mesmo uma troca com mentes criativas, as ideias fluem de maneira ainda mais rica, um *insight* puxa outro e a inovação ganha força.

É aqui que o propósito da marca realmente ganha corpo e onde me vejo completamente imerso no processo. Porque é aqui que a mágica acontece, onde a marca começa a existir, não só na minha mente, mas no mundo.

Etapa 3: estruturação da identidade visual e verbal da marca

Chegou o momento de dar forma à marca! Nesta etapa, identidade visual e verbal se traduzem para o digital, revelando nosso potencial. A identidade visual, com logotipo, paleta de cores e tipografia, deve refletir o propósito da marca de forma impactante – cores naturais para marcas sustentáveis ou um design minimalista para uma estética moderna, criando uma conexão instantânea com o público.

Já a identidade verbal deve ressoar a personalidade da marca. Leve e divertida para uma marca jovem ou elegante e refinada para uma mais sofisticada, por exemplo. Essa coerência fortalece a comunicação.

Não se esqueça do *brand book*, seu guia para garantir consistência em todas as comunicações, desde postagens de redes sociais até campanhas de e-mail. Observar a concorrência é fundamental para identificar oportunidades únicas e se destacar no mercado.

No final, essa etapa é sobre ver a marca ganhar vida e sentir sua essência se materializar. Pergunte-se: "O que minha marca comunicará ao mundo digitalmente?". Alinhar essa resposta esclarecerá os próximos passos.

Etapas 4: plano de implementação e consolidação

É hora de lançar sua marca no mundo digital! Começamos desenvolvendo um plano de comunicação que define os canais de presença – como redes sociais, sites e *e-commerce* –, garantindo que nossa proposta de valor seja transmitida de forma consistente. O posicionamento da marca é crucial, pois determina como queremos ser percebidos e quais diferenciais devemos destacar, como atendimento personalizado ou tecnologia inovadora.

Estabelecemos metas de curto e longo prazos para aumentar a conscientização, construir autoridade e expandir nosso alcance. Um novo *brainstorming* é essencial para focar as *personas* que desejamos alcançar. Precisamos saber onde elas estão e se estamos nos comunicando nos canais certos. Discutir seus interesses e desafios nos permitirá moldar uma comunicação envolvente.

Chegou o momento de dar vida a tudo o que foi planejado! Ativaremos a marca nos canais escolhidos e criaremos conexões genuínas com o público. Monitorar métricas de desempenho, como engajamento nas redes sociais e taxa de conversão, será fundamental para ajustar estratégias conforme necessário.

Imagine o mercado como um *iceberg*: na ponta, o setor saturado; no meio, marcas inovadoras; e na base, propostas únicas e de luxo. Precisamos concentrar esforços no nosso nicho, definindo claramente nosso público-alvo e nos apoiando na pesquisa de mercado para elaborar um plano de marketing eficaz.

Adotar uma abordagem focada em *branding* digital nos permitirá estabelecer um espaço significativo para nossa marca prosperar. E você, está pronto para ser visto? Vamos juntos nessa jornada!

Etapa 5: um ponto final ao universo, mas não definitivo

Ao chegarmos ao fim deste capítulo, quero lembrar-lhe de que você é o protagonista da sua marca, seja pessoal ou empresarial. O importante é estar aberto às infinitas possibilidades que o mundo digital oferece.

Estamos em uma era de transformação, em que as experiências que você cria devem ser únicas e profundamente conectadas com seu público. Quanto mais você viver e abraçar sua marca, mais parte de você ela será.

Não subestime o poder da sua presença digital. Agora as marcas criam vínculos significativos e duradouros. Deixe sua voz brilhar e impacte o mundo ao seu redor.

Sua marca ganhou vida, e isso é uma celebração! Vamos juntos nessa jornada emocionante! Um grande abraço do seu mentor de *branding* digital.

“

Felipe Sanffe

O *branding* digital é a poderosa chave que desbloqueia o verdadeiro potencial da sua marca. Você está pronto para ser visto?

Hellen Alves

Sou Hellen Alves Vieira, natural de Minas Gerais, residindo atualmente em Cape Coral, na Florida/EUA, com meu marido Jonathan e meu cachorro Pancho. Tenho dois irmãos, uma irmã e sou filha de Jeane e Wilson. Sou estrategista de imagem, e já transformei mais de trezentas vidas.

Minha paixão pelo mercado de luxo veio ao entrar no mundo da moda. Estar inserida nesse ambiente me fez estudar muito sobre as marcas e as estratégias usadas. Meu primeiro curso de imagem foi feito nos EUA, em 2019, e foi quando me apaixonei pelas marcas. Fiz cursos profissionais prestigiados em São Paulo, Porto Alegre, Rio de Janeiro, Belo Horizonte e Curitiba. E, nos quatro anos de vivência superando a cada dia os desafios, venho lapidando os atendimentos e a forma de transformar não só o negócio do cliente, mas também a vida como um todo.

Instagram
hellenconsultoriaestilo

WhatsApp
+1 786 277 5398

E-mail
hellenconsultoriamarcas@gmail.com

MARCA *que* MARCA

10 MARCAS DE LUXO: O QUE AS TORNA DIFERENTES?

Por Hellen Alves

O fascínio pelas marcas de luxo ultrapassa gerações e continentes. Estes nomes icônicos não apenas vendem produtos, mas criam sonhos, mitos e aspirações. Hermès, Patek Philippe, Chanel, Louis Vuitton – esses são apenas alguns dos exemplos que, ao longo dos séculos, construíram um legado de desejo e exclusividade. As marcas de luxo são vistas como o ápice da excelência, detentoras de um *status* quase intangível, em uma dimensão onde o valor é ditado pela percepção de qualidade, escassez e experiência do consumidor.

Mas o que, de fato, torna essas marcas diferentes das outras? O que sustenta essa exclusividade que justifica um preço tão elevado e um desejo quase universal?

Neste capítulo, vamos explorar as principais estratégias das marcas de luxo, usando como exemplos a Hermès e a Patek Philippe, duas referências que conseguiram manter sua relevância e seu prestígio por gerações. Vamos discutir como essas abordagens podem ser replicadas por marcas comuns que buscam se diferenciar e criar valor agregado, além de analisar o impacto dessas estratégias no comportamento do consumidor e na construção de valor de marca.

Em um cenário onde a internet democratizou o conhecimento e o acesso à informação, e onde produtos de todos os tipos estão disponíveis com um simples clique, a escassez se torna um recurso precioso e frágil. Marcas tradicionais de luxo devem lutar constantemente contra a banalização de seus produtos e a erosão do valor percebido pelo consumidor. Em um ambiente onde as falsificações se proliferam, os mercados de revenda crescem e as coleções de luxo se tornam mais visíveis do que nunca, manter essa exclusividade se torna cada vez mais desafiador.

Quando uma marca, seja de luxo ou não, não consegue sustentar uma proposta de valor forte e diferenciada, ela se torna irrelevante no mercado. As marcas comuns acabam lutando em um círculo vicioso de competição por preço, o que reduz suas margens e afeta a percepção de qualidade. Essa comoditização faz com que a marca perca sua identidade e sua capacidade de gerar desejo. Isso resulta na necessidade de vender grandes volumes para manter a rentabilidade, o que pode ser insustentável no longo prazo.

No caso das marcas de luxo, a consequência de não conseguir manter exclusividade e apelo pode ser devastadora. A percepção de valor de uma marca de luxo é construída, em grande parte, sobre a escassez, a excelência e a narrativa por trás de seus produtos. Se uma dessas características falha, o consumidor deixa de enxergar o valor do produto e a marca começa a perder seu poder de cobrar preços premium. Patek Philippe, por exemplo, não é apenas um relógio de alta qualidade; é uma herança, um símbolo de *status* e de tradição. Se essa história não for contada de maneira consistente e autêntica, a marca corre o risco de perder sua relevância no mercado.

Por outro lado, marcas que não são tradicionalmente de luxo, mas que aplicam estratégias de diferenciação eficazes, podem elevar sua percepção no mercado. Em vez de competir por preço, elas podem começar a competir por valor agregado, fidelizando clientes e aumentando a percepção de qualidade. Quando bem executada, essa mudança estratégica pode levar a um aumento nas margens e a uma base de consumidores mais leal e engajada.

Exclusividade e escassez

A escassez intencional é uma das principais estratégias das marcas de luxo. Hermès, uma marca francesa conhecida por seus produtos artesanais de couro, é um exemplo perfeito dessa prática. A produção das bolsas Birkin e Kelly é rigidamente controlada e a lista de espera para adquiri-las pode durar anos. Ao restringir a oferta, Hermès mantém seus produtos em alta demanda, garantindo que eles não apenas sejam vistos como objetos de desejo, mas como símbolos de *status*. Isso reforça a percepção de que a marca não está acessível a todos, mas apenas a um seleto grupo.

Esse princípio pode ser adaptado para marcas não luxuosas por meio de lançamentos limitados ou edições especiais, gerando um senso de urgência e exclusividade. Starbucks, por exemplo, faz isso com suas bebidas sazonais, como o famoso Pumpkin Spice Latte, que está disponível apenas em determinados períodos do ano. Ao limitar a disponibilidade de um produto, a marca aumenta a percepção de valor e o desejo do consumidor.

Legado e tradição

Outra estratégia central para as marcas de luxo é a ênfase no legado e na tradição. A Patek Philippe, marca suíça de relógios de luxo, tem como *slogan* "Você nunca possui um Patek Philippe, apenas cuida dele para a próxima geração". Esse posicionamento comunica claramente que o produto não é apenas um relógio, mas uma herança familiar, algo que transcende o tempo. Essa estratégia de marketing cria uma conexão emocional profunda com os consumidores, tornando o produto um símbolo de continuidade, prestígio e valor atemporal.

Marcas não luxuosas também podem se beneficiar ao destacar suas histórias e legados. Muitas empresas de médio porte subestimam o poder de uma boa narrativa de marca. Empresas com décadas de história podem usar essa herança para construir confiança e autenticidade. Marcas como Coca-Cola e Levi's, apesar de serem amplamente acessíveis, sempre destacam seu legado para reforçar sua conexão emocional com o público. Essa construção de uma narrativa de herança pode ser poderosa mesmo para marcas mais jovens, desde que a história seja autêntica e relevante.

Qualidade e artesanato

Nas marcas de luxo, a qualidade é um dos principais diferenciais e o artesanato desempenha um papel central. A Hermès e a Patek Philippe exemplificam essa abordagem. Cada bolsa Hermès Birkin é feita à mão e os artesãos que produzem esses itens são altamente treinados, levando até 48 horas para completar uma única peça. Esse nível de cuidado justifica o preço elevado, mas, mais importante ainda, cria um valor percebido que vai muito além da função do produto.

Para marcas não luxuosas, focar em qualidade também pode ser uma estratégia vencedora. Embora o nível de artesanato de uma Hermès possa não ser replicável, investir em materiais de qualidade e em processos de produção mais criteriosos pode elevar a percepção de valor. A lição aqui é evidente: investir na qualidade, mesmo em um mercado de massa, pode diferenciar uma marca e atrair um consumidor disposto a pagar um pouco mais por algo melhor.

Marketing dos sonhos

As marcas de luxo vendem mais do que produtos; elas vendem sonhos e uma forma de vida. O cliente de uma marca de luxo não está apenas comprando um relógio ou uma bolsa; está adquirindo um pedaço de um mundo exclusivo, em que o atendimento personalizado e as experiências memoráveis fazem parte do pacote. Hermès e Patek Philippe investem pesadamente em marketing emocional e em criar uma experiência única para cada cliente. A experiência de compra de uma bolsa Hermès, por exemplo, é quase tão importante quanto a bolsa em si. Cada ponto de contato é meticulosamente planejado para reforçar o valor da marca e a exclusividade do momento.

Marcas comuns podem se inspirar nessa abordagem ao criar experiências mais imersivas para seus consumidores. A Apple, por exemplo, usa suas lojas como um ponto de contato com a marca, oferecendo não apenas produtos, mas uma experiência de compra diferenciada, com atendimento especializado e espaços projetados para criar uma conexão emocional com o cliente. Para marcas de menor escala, o atendimento personalizado, um pós-venda atencioso ou a criação de eventos exclusivos para clientes fidelizados podem replicar, em menor escala, a estratégia de "marketing dos sonhos" utilizada pelas marcas de luxo.

Inovação e consistência

Embora a tradição e o legado sejam importantes, as marcas de luxo também investem em inovação. Hermès, apesar de seu foco em produtos artesanais e tradicionais, também aposta em novas linhas de produtos, como fragrâncias e joias, para atrair novos públicos sem perder a consistência de sua imagem de marca.

Marcas não luxuosas podem aprender com esse equilíbrio entre inovação e consistência. Ao introduzir novos produtos ou serviços, é importante que as marcas mantenham sua essência intacta, garantindo que as inovações estejam alinhadas com os valores centrais da empresa.

Para marcas que desejam se destacar em seus mercados, o luxo não precisa ser visto como um objetivo inalcançável. O luxo nos ensina que o sucesso não reside apenas na exclusividade, mas em como a marca comunica e entrega valor para o consumidor. Seja por meio da criação de escassez, da ênfase na qualidade ou da construção de uma narrativa envolvente, o que torna essas marcas diferentes é o foco no cliente e na experiência que oferecem. Adaptar essas estratégias para marcas não luxuosas, com autenticidade, pode ser a chave para construir uma base de consumidores mais leal e engajada.

As marcas de luxo têm o poder de capturar a imaginação do consumidor e transformar produtos em verdadeiros símbolos de desejo. Ao observarmos Hermès e Patek Philippe, aprendemos que o sucesso não reside apenas na qualidade ou no prestígio, mas na forma como essas marcas constroem uma narrativa poderosa em torno de seus produtos. Para marcas comuns, há muito a ser aprendido: da escassez ao legado, do artesanato ao marketing de experiência. O que torna as marcas de luxo diferentes são as histórias que elas contam e os significados que carregam. Adaptar essas estratégias para o seu negócio pode ser o diferencial necessário para se destacar e elevar o valor percebido de sua marca.

Se você deseja aplicar essas táticas de diferenciação no seu negócio, estou à disposição para ajudá-lo a transformar sua marca em algo memorável e desejado.

Referências bibliográficas

BRUN, A.; CASTELLI, C. The Nature of Luxury: A Consumer Perspective. *International Journal of Retail & Distribution Management*. 2013. Disponível em: https://www.researchgate.net/publication/263377004_The_nature_of_luxury_A_consumer_perspective. Acesso em: 28 out. 2024.

CHEVALIER, M.; MAZZALOVO, G. *Luxury Brand Management*: A World of Privilege. 2. ed. Hoboken: Wiley, 2012.

KAPFERER, J. N.; BASTIEN, V. *The Luxury Strategy*: Break the Rules of Marketing to Build Luxury Brands. 2. ed. Londres: Kogan Page, 2012.

TUNGATE, M. *Luxury World*: The Past, Present and Future of Luxury Brands. Londres: Kogan Page, 2009.

"

Hellen Alves

O que tornará a sua marca em uma marca de luxo são as histórias que ela conta e o significado que ela carrega.

DNA FINANCEIRO
DNA
FINANCEIRO
DESBLOQUEANDO SEU POTENCIAL NAS FINANÇAS
ROGÉRIO VALE
HORA DE AVANÇAR

Iliano Ribeiro

Tenho 66 anos, sou pai do Humberto, do Matheus, do Thomas, da Patrícia e do Arthurus; enfermeiro, médicos e do marketing digital. Como médico, neurologista, neuropsiquiatria, fisiatra, de família e emergências; como terapeuta, Neurolinguística (PNL), Fitness e Ortomolecular. Palestrante, escritor, filósofo autodidata e observador do comportamento humano. Desenvolvi o método BASE (Buscar Autoconhecimento e Sabedoria para Empreender), alinhado às novas tendências da Neurociência, com "AdTurbo", transformação em Saúde, Educação e Desenvolvimento Humano, integrando corpo, mente e espiritualidade. Honrado em colaborar nesta obra ao lado de tantos pensadores e que, juntos, possamos fazer a diferença na vida de quem nos lê.

Instagram
ilianoribeirodrcaipiradigital | drilianoribeiro

WhatsApp
+55 (44) 99108-4288

LinkedIn
drilianopintoribeiro.blogspot.com

E-mail
ilianopnl@hotmail.com

MARCA *que* MARCA

11 A IMPORTÂNCIA DO *BRANDING* NA SAÚDE (MÉTODO BASE)

Por Iliano Ribeiro

O conceito de *branding*, ou criação, construção e manutenção de marcas, transcende o mero ato de criar um logotipo, *slogan* ou bens e serviços que se destaquem na concorrência. No contexto da saúde, ele assume uma importância ainda maior, pois as marcas podem influenciar a confiança e a percepção do público sobre serviços e produtos que impactam diretamente a vida das pessoas, tanto no quesito de marca e estilo pessoal, quanto em relação à um modelo empresarial que seja aplicado aos universos da saúde ou das doenças, hoje bem distintos. Na verdade, as doenças dizem respeito às dores a serem eliminadas ou minimizadas. Este texto procura trazer conhecimentos relativos aos principais aspectos do *branding* na saúde, suas implicações éticas, estratégias eficazes e estudos de caso relevantes.

O que é *branding*?

Definição e importância

Branding se refere ao conjunto de ações que uma pessoa física, geralmente profissional liberal ou empresa, realiza para criar uma identidade que seja diferenciada e tenha uma percepção de marca no mercado. Isso envolve desde a criação de um nome e logotipo até a definição de valores, objetivos, propósitos, missão e propostas de valor. Na saúde, uma marca forte pode estabelecer confiança, facilitar a escolha do consumidor e aumentar a lealdade dos pacientes, seja no aspecto curativo, terapêutico ou na profilaxia, segurança, bem-estar e qualidade de vida em uma determinada comunidade social. Frise-se que, aqui, procurarei direcionar o tema mais especificamente para a saúde, no sentido de promovê-la da forma mais econômica, racional e ecológica possível.

Elementos de *branding*

Os sete principais elementos do *branding* incluem:

- identidade visual: logotipo, cores, tipografia, apresentação;
- contexto do ambiente onde seja estabelecido, carro, casas, nível de sofisticação etc.;
- relacionamentos e comportamentos presentes e estabelecidos, assim como a forma visual como se apresenta aos olhos da clientela;
- capacitação acadêmica, socioeconômica e experiência profissional;
- *raport* intencional e automatizado que seja aplicado, assim como tom de voz, apresentação física, empatia e estilo de se vestir e se apresentar;
- como a marca se comunica com seu público e o público se conecta a ela.
- propostas e posicionamento da empresa ou do profissional e percepção da clientela frente a eles;
- quais os propósitos, o posicionamento e a missão frente ao público-alvo;
- A jornada do paciente-cliente desde o primeiro contato até o pós-venda e pré e pós-atendimento.

A importância do *branding* na saúde

Conhecimento, conteúdo, presteza, confiança e credibilidade

No setor de saúde, a confiança que se passa no atendimento e que seja legitimada quando necessário é crucial. Pacientes e clientes buscam instituições que transmitem segurança e credibilidade. Uma marca pessoal ou empresarial bem-posicionada ajudará a construir essa confiança, comunicando presteza, qualidade e experiência.

Diferenciação no mercado

Com a crescente concorrência no setor de saúde, o *branding* se torna uma ferramenta fundamental para diferenciar serviços, pessoas e instituições. As marcas podem destacar seus serviços únicos, como especializações, tecnologias inovadoras ou abordagens centradas não só no paciente como no meio onde ele reside.

De muito valor são as possíveis inovações, dotadas de criatividade e aplicação prática, e que sejam úteis e aplicáveis às massas, em caso de um produto mais popular, ou mais nichado, em caso de clientela mais exigente e com precificação tipo *high ticket*.

Cada público demanda características próprias de apresentação e conteúdo a ser ofertado.

Lealdade do paciente

Um *branding* eficaz, presente e proativo não só atrai novos pacientes, mas também promove a lealdade dos existentes. Marcas que oferecem uma experiência consistente e de alta qualidade tendem a ter pacientes mais fiéis, que recomendam seus serviços a outros. Hoje, conta-se com recursos os mais diversos dentro das mídias sociais, como Facebook, LinkedIn, X, Instagram, TikTok, YouTube e outros, cada um conectado a públicos-alvo distintos.

Construindo uma marca na saúde

Pesquisa de mercado

Antes de desenvolver uma marca, é essencial entender o público-alvo. Isso envolve a realização de pesquisas para identificar as necessidades e expectativas dos pacientes, bem como as tendências do mercado.

Eu, Iliano Ribeiro, em particular, venho desenvolvendo "uma *startup* e uma nova profissão" alinhados dentro do digital, o que poderá muito em breve se tornar uma empresa semelhante a iFood e Uber em relação a saúde e qualidade de vida. A nova profissão seria mentor em saúde, bem-estar e prosperidade. Ambos, a profissão e a *startup*, caminhariam juntas, ajudando-se mutuamente, e, em um futuro próximo, poderiam promover saúde inteligente a preços baixos e acessíveis às massas. Os mentores em saúde seriam requisitados dentro dos serviços públicos relacionados a bem-estar e saúde e atuariam dentro do quadro de colaboradores das instituições privadas, como planos de saúde e associações diversas, como de aposentados, de terceira idade e até de colégios, orfanatos, asilos e Apaes.

Dentro da empresa, estariam envolvidos também prestadores de serviços nas mais diversas áreas necessárias ao bem-estar familiar e empresarial e, na maioria dos casos, sob coordenação dos mentores de saúde.

Definição de valores e proposta de valor

A marca *branding* deve refletir os valores fundamentais do profissional ou da instituição promotora de saúde e ou amenizadora de dores e doenças. Isso inclui não apenas missão e visão, mas também metodologia, trabalho e compromisso com ética, qualidade e atendimento ao paciente ou cliente.

Identidade visual

A criação de uma identidade visual forte é fundamental. Isso envolve a criação de um logotipo que represente a marca, assim como a definição de uma paleta de cores e fontes que transmitam valores e posicionamento da instituição.

Estratégias de *branding* na saúde

Comunicação consistente

Uma comunicação clara, assídua, frequente, estratégica e consistente é vital. Isso abrange desde o site, a *landing page* e a VSL (Video Sales Letter) da instituição até as interações nas redes sociais e campanhas de marketing. A mensagem e a apresentação devem ser coerentes e alinhadas com a identidade em todos os canais.

Marketing de conteúdo

O marketing de conteúdo é uma estratégia eficaz para educar pacientes e clientes, assim como para construir autoridade em profissionais e empresas. Blogs, vídeos, *webinars* e podcasts podem ajudar a posicionar a marca como uma referência em sua área de atuação.

Experiência do paciente ou dos clientes

Experiência, necessidades e anseios do paciente e dos clientes devem ser prioridade. A satisfação dos pacientes e clientes impacta diretamente a percepção da marca.

Desafios do *branding* na saúde

Concorrência intensa

Diferenciar-se e criar uma identidade única pode ser um desafio. Entretanto, quanto mais diferenciado o produto ou a proposta, que mais vá impactar o bem-estar e a satisfação do cliente, maiores as chances de sucesso no seu empreendimento.

Reputação e crises

A reputação é uma das maiores preocupações no *branding* e pode prejudicar significativamente a percepção da marca. É crucial ter um plano de gerenciamento de crises assim como antever as soluções.

Ética e transparência

As marcas na saúde devem operar com altos padrões éticos. Isso inclui empenho frequente e intencional, transparência nas comunicações, honestidade e presteza sobre serviços e resultados.

Estudo de casos: marcas de sucesso na saúde

Hospital Albert Einstein

O Hospital Albert Einstein, em São Paulo, é um exemplo de *branding* bem-sucedido. Com uma forte identidade visual e uma comunicação clara, a instituição é reconhecida por sua qualidade e inovação. Seu foco na experiência do paciente e na educação em saúde contribuiu para a construção de uma marca sólida que se mantém em evidência ao longo de décadas nas pesquisas Top of Mind no setor de saúde diferenciada.

Unimed

Outra marca consolidada no mercado, que investe pesado na manutenção do seu *branding*.

LarVidaasss

Uma *startup* que tem uma proposta totalmente inovadora. Seu diferencial é oferecer resultados de qualidade a preços muito baixos, numa relação custo-benefício altamente favorável, pois valoriza, acima de tudo, a educação com "imprints de mindset" inovadores.

Futuro do *branding* na saúde

Digitalização e inovação

A digitalização está transformando o setor de saúde. As marcas precisam se adaptar, utilizando tecnologias como telemedicina e aplicativos de saúde para interagir com os pacientes e reforçar sua identidade, algo que é o ponto forte no método BASE (Buscar Autoconhecimento e Sabedoria para Empreender) que acompanha o LarVidaasss.

Foco no paciente ou cliente e parceiros

O futuro do *branding* na saúde estará cada vez mais centrado no cliente e em parceiros, pois a tendência natural será promover saúde cada vez mais consciente, eficaz e econômica. Com isso, o mercado das doenças deverá cair. As marcas que adotarem uma abordagem humanizada, priorizando as necessidades de clientes e parceiros, terão vantagem competitiva de vanguarda, alinhada com as propostas do LarVidaasss (Liberdade, Autoconhecimento e Resultados, Vivendo Deus Aqui e Agora, com Sabedoria, Saúde e Sucesso).

Sustentabilidade e responsabilidade social

As marcas que se preocupam com sustentabilidade, valorização de mentes e responsabilidade social estarão ganhando em diferenciação e resultados e, portanto, em destaque.

Conclusão

O *branding* na saúde é uma prática essencial, em profunda transformação para construir confiança, diferenciar serviços e fidelizar clientes, pacientes e parceiros, e, com isso, destacar-se em um mercado cada vez mais competitivo.

Iliano Ribeiro

Sempre podemos fazer e ser mais e melhores, buscando autoconhecimento e sabedoria para empreender.

Kaéllyssa Lacerda

Sou empresária, palestrante e mentora de *branding* e posicionamento de alto valor. Com o meu método, capacito marcas a se destacarem e conquistarem prestígio no mercado. Minha metodologia combina imagem estratégica com arquétipos, focando a essência e a conexão emocional com o cliente.

Já impactei marcas em mais de sete países, transformando empresárias em líderes de mercado. Minhas clientes se tornam referências em suas áreas, consolidam autoridade, elevam seus preços e colhem o reconhecimento e as recompensas que merecem.

Acima de tudo, sou serva de Deus, filha de pais amorosos, esposa de um marido que oferece proteção e amor e mãe de um filho que me dá forças.

Instagram
kaellyssa

WhatsApp
+55 (84) 98102-6143

YouTube
kaellyssa

E-mail
contato@kaellyssa.com

MARCA que MARCA

12 A INFLUÊNCIA EMOCIONAL NO *BRANDING* DE SUCESSO

Por Kaéllyssa Lacerda

Minha jornada como empreendedora começou com um propósito claro: ser excelente no que faço. Acreditei que as melhores formações e especializações me trariam reconhecimento e capacidade de cobrar o que eu merecia. Investi em formações internacionais e me dediquei intensamente. Talvez você pense o mesmo. No entanto, mesmo com toda essa dedicação, eu tinha dificuldades em cobrar meu valor real. Minha consultoria, na época com preço reduzido, não vendia como esperado, apesar da entrega superior à da concorrência.

A verdade é que eu estava invisível no mercado. Em um ambiente competitivo, apenas ter um bom serviço não é suficiente. As marcas precisam ir além e se destacar. O que realmente diferencia uma marca desejada de uma marca comum é a **conexão emocional** que ela cria com seu público.

Essa conexão é o que transforma clientes em defensores fiéis. Não se trata apenas de vender um produto ou um serviço; marcas que dominam o poder das emoções **inspiram lealdade** e criam vínculos profundos.

No entanto, como acontece com muitas marcas, eu não tinha clareza sobre minha própria identidade. Estava focada apenas nas táticas de marketing e em aspectos técnicos, sem entender o poder do *branding* e a importância de criar uma conexão emocional. Isso resultou em uma comunicação confusa, que não refletia quem eu era nem o valor que eu poderia entregar.

Essa falta de identidade me aprisionou em um círculo vicioso: focava as características técnicas, mas era negligente em mostrar minha essência e o impacto que meu trabalho poderia gerar. Sem essa conexão emocional, eu me tornava apenas mais uma no mercado, facilmente esquecida ou substituída.

Essa luta constante para vender e ser reconhecida custou caro. Sacrifiquei tempo com minha família e comigo mesma para atender clientes e atingir a meta financeira mínima, pois meu serviço estava desvalorizado. Apesar de todo o esforço, o reconhecimento que eu tanto almejava não chegava. Era como se, apesar de toda minha *expertise*, o mercado não enxergasse o valor que eu entregava.

Foi então que percebi: **ser excelente não basta** e isso foi um choque. Sempre acreditei que entregar o melhor trabalho garantiria o sucesso, mas entendi que quem é lembrado supera quem é apenas excelente. Não adiantava oferecer o melhor se ninguém percebia. O problema não estava na qualidade do meu trabalho, mas em **como** eu me apresentava. Eu precisava **comunicar essa excelência de forma clara e estratégica**.

Ao perceber isso, mergulhei no mundo do *branding* e comecei a aplicar as estratégias em mim mesma. E foi quando comecei a comunicar meu valor de forma intencional e estratégica que os resultados começaram a aparecer.

Como tornar sua marca inesquecível e altamente desejada

Então, como construir uma marca que não só se destaca, mas também cria uma conexão emocional profunda com seu público? Essa é a pergunta que muitos empreendedores se fazem, especialmente aqueles que, como eu, já enfrentaram o desafio de se sentir invisíveis no mercado. A resposta está em três pilares essenciais: **clareza de identidade e essência, posicionamento de alto valor e comunicação magnética**. Cada um desses pilares desempenha um papel crucial na construção de uma marca memorável.

Vamos explorar como cada um deles pode transformar não apenas sua percepção de marca, mas também a forma como seu público se conecta e se relaciona com você.

<u>Clareza de identidade e essência</u>

O primeiro passo na construção de uma marca impactante – seja pessoal ou corporativa – é ter **clareza absoluta sobre sua identidade**. Isso envolve definir sua essência: **o que a marca representa, seus valores e seu propósito**. O autoconhecimento é a chave para criar uma comunicação autêntica e envolvente. A falta dessa clareza pode ser prejudicial, pois marcas que não têm uma identidade definida correm o risco de serem vistas como genéricas, incapazes de fidelizar clientes ou justificar o preço que cobram.

Marcas com uma identidade sólida criam narrativas coerentes que se conectam emocionalmente com o público. A Apple, por exemplo, construiu uma forte identidade ao redor da inovação e do *design* minimalista, transformando seus produtos em símbolos de criatividade e *status*. A Nike, com seu *slogan* "Just Do It", inspira ação e superação pessoal, comunicando mais do que um simples produto, mas um propósito maior. Assim, uma identidade clara não só torna a marca memorável, como também valiosa.

A **essência** deve estar refletida em todas as interações da marca com o público – do tom de voz à experiência do cliente. Esse alinhamento garante que a marca seja percebida de forma consistente e impactante, estabelecendo uma relação mais profunda com os clientes.

Posicionamento de alto valor

Definir a identidade é apenas o primeiro passo; o próximo é construir um **posicionamento de alto valor**. Isso se refere ao lugar que sua marca ocupa na mente dos clientes, fazendo com que seja a **primeira escolha**. Um posicionamento forte não envolve apenas o que você oferece, mas também **como, por que, para quem você faz isso**, além de refletir os **desejos emocionais mais profundos** do seu público.

Na minha experiência, foi essencial integrar um **universo de marca visual, verbal e sensorial**. Por meio de ferramentas como **estratégia de imagem, postura e comportamento de autoridade, treino vocal, mentalidade de líder e arquétipos de marcas**, consegui garantir que cada detalhe da comunicação transmitisse uma mensagem clara e forte, capaz de atrair clientes *premium* que realmente valorizam o que minha marca representa.

Marcas como Hermès e Rolex são exemplos de um posicionamento claro, que vai além de produtos de luxo. Elas vendem exclusividade e essa percepção de valor é o que atrai um público disposto a pagar mais. Já a Tesla se destaca não apenas por seus carros elétricos, mas por sua visão de sustentabilidade e inovação, tornando-se a escolha principal para aqueles que buscam mais do que um simples automóvel.

Esse alinhamento entre a identidade e o posicionamento solidifica a confiança e o compromisso com a excelência, criando uma percepção de valor elevado. O resultado é uma marca que se destaca, atrai e fideliza um público disposto a pagar por uma experiência diferenciada.

Comunicação magnética

Por fim, a **comunicação magnética** é o pilar que realmente distingue uma marca no mercado. A essência e o posicionamento precisam ser traduzidos em uma narrativa que mobilize o público emocionalmente. Não se trata apenas de oferecer um bom serviço ou produto, mas de fazer com que **o cliente perceba o valor real que você entrega**. A comunicação eficaz é o que separa marcas que cobram preços *premium* daquelas que competem apenas pelo menor preço.

Marcas como Starbucks dominam a arte de uma comunicação emocional. A experiência que a marca oferece vai além do café; ela cria um senso de comunidade e pertencimento. Do mesmo modo, a Chanel comunica luxo e sofisticação sem precisar falar diretamente sobre preços, porque o valor já está implícito em sua narrativa visual e na experiência de compra.

Ao comunicar de forma clara e estratégica, você não só cria confiança, mas também diferencia sua marca em um mercado saturado. A **comunicação magnética** vai além de simplesmente apresentar o produto ou serviço; ela transforma sua marca em algo desejado, criando defensores leais que reconhecem e valorizam sua excelência.

Lembre-se, **ser** excelente não é suficiente; seu cliente precisa **saber** que você é excelente. E isso se dá através de uma comunicação que ressoe com os valores, aspirações e emoções de quem você quer atrair.

Ao adotar esses três pilares – clareza de identidade, posicionamento de alto valor e comunicação magnética –, você estará no caminho certo para levar sua marca de invisível a inesquecível.

Invisível ou inesquecível? A escolha está em suas mãos

Você tem o poder de decidir: **ser mais uma no mercado ou ser a marca de que todos lembram e desejam?** A transformação começa ao alinhar **essência**, **posicionamento** e **comunicação**. Fazendo isso, você não apenas será vista, como ocupará um lugar de prestígio, atraindo clientes certos, dispostos a investir no que você oferece.

Não se trata apenas de reconhecimento; trata-se de liberdade. Liberdade para construir um negócio que reflete quem você realmente é e que se conecta de forma profunda com o seu público. Quanto mais sua comunicação traduzir sua essência e o valor que você oferece, mais forte será essa conexão – e mais longe você irá.

Sei disso por experiência própria. Passei por momentos de frustração, quando, mesmo sendo excelente no que fazia, não era **percebida** como tal. Ao finalmente alinhar **quem eu era** com **como eu me apresentava**, os resultados foram incríveis. De invisível, passei a ser uma referência, abrindo portas que antes pareciam inatingíveis: convites para palestrar, eventos de prestígio e presença na mídia. O que antes era uma batalha para justificar preços modestos, hoje é a confiança de cobrar o que meu trabalho merece, pois meu público **vê** e **sente** o valor da minha entrega.

Agora, a escolha é sua. **Você está pronta para ser inesquecível?** Junte-se a mim nessa jornada. Vamos elevar sua marca e seu negócio a um nível em que **reconhecimento**, **valor** e **liberdade** caminham lado a lado com sua verdadeira essência.

Reflexões sobre sua marca

Ao longo deste capítulo, abordamos a importância de construir uma marca forte e inesquecível. Para ajudar você a avaliar sua jornada, considere as seguintes perguntas:

Qual é a minha proposta única de valor? O que me diferencia no mercado?

Estou comunicando minha essência de forma autêntica? Minhas mensagens refletem quem eu realmente sou?

Como meu público-alvo me percebe? Estou gerando as emoções e as reações desejadas?

Minhas ações estão homologadas com minha identidade? Há coerência entre o que digo e o que faço?

Estou criando conexões sérias com meu público-alvo? Como posso melhorar esse engajamento?

“

Kaéllyssa Lacerda

Ser excelente não basta; é preciso que seu público reconheça e valorize essa excelência através de uma comunicação clara e emocionante.

Lana Mayla

Sou Lana Mayla, natural de Ampere/PR, criada em Porto Velho/RO e atualmente moradora de Campo Grande/MS. Vivo com meu marido Robson, com quem sou casada há oito anos. Estou gestando nossa primeira filha, Rebecca, que já é muito amada.

Sou especialista em comunicação e marketing digital, com mais de seis anos de experiência como proprietária da Duo Master, uma agência de comunicação. Durante minha carreira, posicionei marcas e atendi mais de quatrocentas empresas e profissionais, sempre com foco em compromisso, empatia, organização e resultados.

Minha trajetória, marcada por desafios, me fortaleceu e me tornou uma mulher comunicativa e corajosa. Hoje, tenho o prazer de ajudar outras pessoas a aprimorarem sua comunicação e transformar suas vidas e negócios.

Instagram
lanamayla

E-mail:
lanamaylla@gmail.com

MARCA *que* MARCA

13 A IMPORTÂNCIA DE SABER SE COMUNICAR

Por Lana Mayla

O poder está em suas mãos e muitas vezes você não se dá conta disso. Imagine que você comunica 24 horas por dia várias mensagens, como um comercial de TV, transmitindo imagens, cores e áudio. O tempo todo você está emitindo sinais, com a forma como se veste, se comporta e fala, por exemplo. Agora, pense comigo: será que você está comunicando a mensagem certa?

A constatação é triste, mas a maioria dos profissionais, em quase todos os ramos, não sabe se comunicar. Há, muitas vezes, o domínio da parte técnica da área, do negócio ou da profissão. Porém, na hora de gerir e divulgar aquilo que se faz ou vende, encontra-se o grande problema: a falha na comunicação, que inclusive causa o insucesso de muitas empresas.

Segundo uma estimativa recente do Instituto Brasileiro de Geografia e Estatística (IBGE), 80% das micro e pequenas empresas não chegam ao primeiro ano de vida e 60% encerram as atividades antes dos cinco anos. Entre os principais motivos, estão o cenário econômico, a falta de gestão e planejamento e o despreparo dos empreendedores. No entanto, o que muitas vezes está no cerne desses problemas é o ruído na comunicação.

A chave do sucesso em todas as relações, sejam elas pessoais ou profissionais, está na habilidade em saber se comunicar. Uma comunicação clara e objetiva é essencial para construir e manter relacionamentos saudáveis entre colaboradores, fornecedores, parceiros e clientes, facilitando o alinhamento de expectativas, a negociação e a resolução eficiente de problemas. Por outro lado, falhas na comunicação podem gerar mal-entendidos e informações distorcidas, resultando em conflitos internos, prejuízos financeiros, erros operacionais, retrabalho e perda de grandes oportunidades.

O mesmo pensamento se aplica ao marketing digital. Com a ascensão das redes sociais, a comunicação se tornou ainda mais desafiadora e, ao mesmo tempo, cheia de oportunidades. No ambiente digital, a atenção do consumidor é disputada a cada segundo. As pessoas estão constantemente sendo bombardeadas por informações e é fácil se perder em meio a tanto ruído. Por isso, é crucial que a sua marca saiba como chamar a atenção e se destacar em meio a tantas outras.

Comunicando soluções

Se, ao divulgar o que vende, você se concentra apenas no produto e em suas especificidades, em vez de destacar os benefícios e as soluções que ele oferece, é hora de repensar a sua abordagem. As pessoas não compram apenas o que você vende, elas compram os benefícios que você oferece. Outra questão, não menos importante, é que não adianta querer vender para todo mundo e não se comunicar com seu público específico. É nadar contra a maré, cansar e morrer na praia.

Enquanto você não alinhar sua comunicação, vai continuar tentando vender carne para vegetariano. Por mais que o produto tenha qualidade, ele simplesmente não faz sentido para aquele público. Da mesma forma, se você não conhece bem para quem vende, pode estar desperdiçando energia e recursos tentando oferecer algo para quem não tem interesse ou, pior, para quem não se identifica com a sua marca. E essa desconexão pode ser fatal para os negócios.

É importante ter em mente que a sua *expertise* em relação ao seu nicho, seu produto ou seu serviço, sua marca, seus valores e seu propósito podem não ser tão evidentes para os clientes, ainda que possa parecer óbvio para você. A sua comunicação não é sobre você, é sobre quem compra de você. Por conta disso, é primordial conhecer quem consome a sua marca. Quem são essas pessoas? O que elas realmente desejam? Onde estão inseridas? Quais motivos fazem com que elas comprem uma vez e voltem a comprar depois? Ouvir e observar atentamente cada cliente ajudará a conhecê-lo melhor e traçar estratégias de captação e fidelização.

Hoje em dia, existem inúmeras marcas competindo pela atenção das pessoas, e quem se comunica de forma clara e autêntica se destaca. Não importa se você é um pequeno empresário ou um dono de uma grande empresa, o segredo é saber se posicionar e mostrar o valor do que você faz ou vende.

Lembre-se sempre: as pessoas não compram produtos, elas compram emoções e uma marca que gera uma sensação produz uma ação.

Imagine, por exemplo, que você seja dono de uma cafeteria. Se você se concentrar apenas na origem e qualidade dos grãos que serve ou no método de preparo do café, pode acabar atraindo apenas pessoas que gostam dessa bebida. Mas, se você compartilhar a experiência de um café quentinho em um espaço acolhedor, com uma trilha sonora diferenciada, onde pessoas se reúnem e momentos deliciosos acontecem, você começa a transmitir algo mais profundo. A forma e o sabor de tudo que é servido pode gerar uma memória afetiva em quem consome, as opções de acompanhamentos podem tornar cada visita única e o ambiente que convida a sair da rotina cria uma conexão emocional. É essa comunicação que conectará seu negócio com os desejos e o estilo de vida do seu público, criando uma identificação forte com a marca.

Comunicando valor

As famosas Coca-Cola, Apple e Nike não se destacam apenas pela qualidade dos produtos, mas principalmente pela maneira como comunicam seu valor. O que elas têm em comum? Elas entenderam que a comunicação precisa estar voltada para as pessoas e não para os produtos vendidos. Então, criaram campanhas que envolvem o consumidor, inspirando com histórias, despertando emoções, criando vínculos emocionais e oferecendo experiências que sempre vão muito além da compra.

E você, independentemente do tamanho do seu negócio, também pode alcançar esse nível de conexão na sua comunicação. Em vez de simplesmente vender um produto ou serviço, você pode estabelecer um relacionamento genuíno com as pessoas, uma conexão que vai além da venda. Isso é possível quando se entende que comunicar é, antes de tudo, entender o consumidor. É saber ouvir, observar e, principalmente, traduzir tudo isso em uma mensagem envolvente.

Comunicação não é sobre o que você diz, é sobre o que o outro entende que você diz. É sobre como você faz as pessoas se sentirem. É sobre criar uma experiência que seja relevante e memorável. E, para isso, é fundamental que você conheça profundamente não só o seu produto ou serviço, mas também quem é o seu público-alvo, o que ele busca, o que ele valoriza e como você pode, de fato, agregar valor à vida dessas pessoas.

As pessoas compram mais que produtos, elas buscam histórias e emoções. A sua comunicação deve refletir isso.

Outro bom exemplo do poder da comunicação está no ramo da moda. Uma marca de roupas não vende apenas peças do vestuário feminino ou masculino, mas um estilo de vida. Você, inclusive, não vê grandes campanhas evidenciando as especificidades dos tecidos e como foi feito aquele corte ou aquela costura, mas sim como aquela roupa fará a pessoa se sentir bem, mais confiante, mais bonita. O consumidor se vê refletido de alguma forma nessas campanhas. E essa é uma estratégia poderosa, que pode ser aplicada no seu negócio também.

Ter uma comunicação autêntica é o grande diferencial nos dias de hoje. O mundo mudou e o mercado também. Hoje, o consumidor está mais exigente, busca comprar de marcas e profissionais que sejam verdadeiros, que transmitam uma mensagem genuína e que se conectem de forma real com os seus valores e crenças. As marcas que falam de qualquer jeito ou não demonstram preocupação com o cliente acabam perdendo espaço. A autenticidade constrói confiança e lealdade, que, por sua vez, são a base de qualquer relacionamento profissional de longo prazo.

Comunicação assertiva

Quando você começa a pensar na comunicação como uma ferramenta estratégica e imprescindível para os negócios, passa a perceber que ela está em todos os detalhes. Está na forma como você se apresenta nas redes sociais, no tom de voz dos seus textos, nas fotos, nos vídeos, nas embalagens, nas cores, nas formas e nas fontes que escolhe para os seus materiais visuais. Cada um desses fatores comunica algo e todos juntos constroem a percepção que as pessoas terão da sua marca.

Esse entendimento é o que diferencia empresas e profissionais de sucesso daqueles que ficam pelo caminho. E isso vale para todos os ramos, desde pequenos empreendedores até grandes corporações. Ao dominar a arte da comunicação, você estabelece uma conexão forte entre o que oferece e as necessidades do seu público. E essa conexão é o caminho para o crescimento, para a fidelização de clientes e para a melhoria de resultados.

Não existe uma receita para o sucesso, mas, quanto mais você conhecer e conseguir comunicar o que faz, mais êxito obterá.

Vale ressaltar que uma comunicação assertiva e eficaz não é algo que acontece da noite para o dia. Ela exige pesquisa, planejamento, estratégia e, acima de tudo, tempo. É preciso construir um relacionamento com o público, com consistência e constância. E, para isso, é fundamental contar com a ajuda de um profissional especializado e experiente, alguém que possa guiar você nesse processo e garantir que a sua mensagem chegue da forma correta ao seu público.

Com mais de seis anos de experiência em comunicação e marketing, ajudo empresas e profissionais a construírem e posicionarem suas marcas de forma estratégica. Meu trabalho envolve não apenas a criação de conteúdos, mas também a compreensão da identidade da marca, identificação de valores e conhecimento do nicho de mercado e do público para desenvolver uma comunicação verdadeira e que gere resultados.

Se você sente que sua comunicação não está alinhada com seus objetivos ou deseja elevar sua marca, eu posso ajudar você. Vamos juntos transformar a sua forma de se comunicar e conquistar o seu espaço no mercado! Sua história merece ser ouvida. Estou aqui para guiar você nesse processo!

“

Lana Mayla

Em um mundo repleto de marcas, destaca-se quem sabe se comunicar, pois quem não entende o que você fala não entende o que você vende.

Manú Ribeiro

Nascida na Bahia e atualmente morando em Itajaí/SC, sou casada com José Pinheiro e mãe de José. Tenho uma sólida formação acadêmica, com extensão em Digital Branding Reputation Management e MBA em Neurociência, Consumo e Marketing, ambos pela PUC-RS.

Meu forte interesse pela neurociência do comportamento me permite aplicar esse conhecimento de maneira inovadora tanto em marcas pessoais quanto empresariais. Atuo estrategicamente para ajudar marcas pessoais a construírem uma presença que vai além do visual, focando em criar experiências emocionais que ressoam com o público e geram impacto real.

Instagram
manuribeiro.marca

WhatsApp
+55 (71) 99263-0500

Site
manueleribeiro.com

MARCA *que* MARCA

14 COMO O *BRANDING* AFETA A PERCEPÇÃO DO CLIENTE

Por Manú Ribeiro

Fundamentos de *branding* e percepção do consumidor

O *branding* vai além de um simples logo ou *design*, envolve um conjunto de elementos estratégicos que moldam a percepção de uma marca na mente do consumidor, agindo de forma consonante com os princípios e objetivos da marca. A percepção é o processo pelo qual os consumidores interpretam as informações sensoriais e as transformam em uma avaliação emocional e cognitiva sobre uma marca em relação a sua proposta. O cérebro humano é diariamente bombardeado por milhares de estímulos e é exatamente nesse cenário que o *branding* desempenha um papel crucial.

De acordo com Aaker (1996), a construção de marcas fortes envolve a criação de associações positivas que se ligam às emoções dos consumidores. A percepção é formada a partir de fatores como o *design*, a comunicação e a experiência do cliente, todos os quais são processados pelo cérebro de forma rápida e automática pelo sistema 2 (inconsciente) (KAHNEMAN, 2011). Além disso, estudos de neuromarketing (PLASSMANN; RAMSØY; MILOSAVLJEVIC, 2012) expõem que determinadas áreas do cérebro, como o sistema límbico, são ativadas quando os consumidores são expostos a marcas, associando-as a emoções como prazer, alegria, confiança ou até mesmo aversão. Uma marca que cria conexões positivas e emocionais fortes com o seu público garante uma percepção favorável e, consequentemente, aumenta sua preferência no mercado.

A neurociência por trás da criação de conexões emocionais

A neurociência nos mostrou que a maior parte das decisões de compra são emocionais e não racionais. Marcas que conseguem criar uma conexão emocional forte com seus consumidores têm mais probabilidade de garantir fidelidade e atenção no mercado. O trabalho de Damasio (1994) revela que as emoções desempenham um papel vital na tomada de decisões e que, quando uma marca provoca uma resposta emocional, ela ativa áreas do cérebro associadas à memória e à motivação.

Quando os clientes se sentem emocionalmente conectados a uma marca, essa conexão é armazenada no cérebro como uma memória positiva, reforçando a relação em futuras interações. A pesquisa de LeDoux (1996) mostra que a amígdala, uma parte do cérebro responsável pelas respostas emocionais, é ativada quando os clientes associam uma marca a sentimentos de confiança ou felicidade.

Marcas que investem na construção de experiências, seja por meio de campanhas que evocam sentimentos ou de produtos que melhoram o bem-estar, conseguem um lugar privilegiado na mente e no coração dos seus consumidores.

A ciência da primeira impressão no *branding*

O cérebro humano forma impressões em questão de segundos e essas primeiras impressões podem moldar percepções duradouras. De acordo com Bar (2006), o cérebro processa os estímulos iniciais de forma quase instantânea, utilizando pistas visuais, como logotipos, cores e *design* de produtos, para criar uma impressão sobre uma marca. Essas impressões são baseadas não apenas na estética, mas também em associações emocionais e experiências anteriores.

O conceito de "*priming*", que se refere ao modo como um estímulo inicial pode afetar as respostas de um indivíduo a estímulos subsequentes, sem que exista consciência do mesmo sobre tal influência, é um fenômeno bem-documentado na Psicologia e na neurociência. No *branding*, o *priming* ocorre quando os consumidores são expostos a elementos visuais de uma marca e, diante disso, criam determinadas expectativas sobre a qualidade, o valor e a confiabilidade da marca. Estudos de Todorov e Uleman (2002) mostram que essas primeiras impressões são difíceis de mudar e podem moldar a forma como o seu cliente avalia todas as interações posteriores com a marca.

Uma primeira impressão ruim pode ser desastrosa para uma empresa, enquanto uma primeira impressão positiva pode cativar um consumidor leal. Por isso, as marcas investem em uma apresentação inicial impactante, garantindo que a primeira interação com o consumidor seja visualmente atraente e emocionalmente envolvente.

Neurobranding: explorando a percepção de marca através da neurociência

A área do *neurobranding* tem tido um crescimento exponencial, fornecendo *insights* sobre como o cérebro responde a estímulos de construção de marca e como esses estímulos podem ser otimizados e adaptados para criar percepções favoráveis e consonantes com o propósito da marca. O neuromarketing e o *neurobranding* utilizam técnicas como ressonância magnética funcional (fMRI) e eletroencefalograma (EEG) para medir a atividade cerebral e determinar como os consumidores reagem emocionalmente e cognitivamente às campanhas de marketing.

Ariely e Berns (2010) afirmam que o *neurobranding* oferece uma janela única para entender os processos inconscientes que fazem parte das decisões de compra. Ao analisar a atividade em áreas cerebrais associadas a emoção e recompensa, os profissionais da área podem ajustar suas estratégias para aumentar e potencializar o impacto emocional de suas campanhas. Por exemplo, testes de *eye-tracking* trazem a possibilidade de entender quais elementos visuais atraem mais atenção, enquanto a medição de reações emocionais através do EEG pode indicar como uma campanha é recebida pelo seu público-alvo. Essas ferramentas permitem às empresas otimizarem suas estratégias de *branding*, criando campanhas que mobilizam emocionalmente os consumidores e geram percepções positivas de marca.

Confiança e reputação: elementos-chave na percepção de marca

Confiança e reputação são fatores essenciais para a percepção positiva de marca. A construção de confiança se dá quando as marcas conseguem demonstrar consistência, transparência e compromisso real com seus clientes. A neurociência mostra que a confiança ativa regiões cerebrais relacionadas ao prazer e à recompensa, como o núcleo accumbens, criando uma sensação positiva em relação à marca (ZAK, 2008).

Além disso, a reputação de uma marca, que é construída ao longo do tempo por meio de interações e da comunicação de valores claros, influencia a forma como os consumidores a percebem. Mayer *et al.* (1995) propuseram um modelo de confiança organizacional que sugere que fatores como habilidade, integridade e benevolência são cruciais para a construção da confiança em uma marca. A consistência desses fatores torna os consumidores mais propensos a desenvolverem uma relação de longo prazo com a marca.

Marcas que perdem a confiança do consumidor enfrentam dificuldades em reverter essa situação, especialmente no ambiente digital, em que informações negativas se propagam rapidamente. Portanto, garantir que a comunicação e as ações da marca estejam alinhadas aos valores de confiança e responsabilidade é fundamental para manter uma percepção positiva no mercado.

Como medir o impacto do *branding* na percepção dos consumidores

Medir o impacto do *branding* é um desafio, mas é essencial para avaliar a eficácia de estratégias de marca e ajustá-las conforme necessário. Ferramentas de neuromarketing, como EEG, fMRI e *eye-tracking*, podem ser usadas para medir diretamente as respostas do cérebro a campanhas e interações de marca, proporcionando uma visão detalhada de como os consumidores percebem as marcas em um nível inconsciente.

Além dessas ferramentas científicas, métricas tradicionais como pesquisas de satisfação, Net Promoter Score (NPS) e análises de comportamento do consumidor (como a repetição de compras e o tempo de permanência no site) também são valiosas.

Para medir o impacto de uma estratégia de *branding* de forma eficaz é essencial combinar ferramentas tradicionais com novas tecnologias de neuromarketing, garantindo uma avaliação completa da percepção e das respostas emocionais dos consumidores. Isso permite que as marcas ajustem suas estratégias para maximizar a relevância no mercado competitivo.

Quando os consumidores desenvolvem o sentimento de pertencimento com uma marca, essa conexão é armazenada no cérebro como uma memória positiva, reforçando a relação em futuras interações. Marcas que se importam com a construção de experiências emocionais, seja por meio de campanhas que provocam emoções ou de produtos que enfatizam o bem-estar, conseguem um lugar privilegiado na mente e no coração dos consumidores. Isso destaca a importância de usar *insights* de neurociência para criar estratégias de *branding* que engajem o consumidor em um nível emocional profundo.

Referências bibliográficas

AAKER, D. A. *Building Strong Brands*. Nova York: The Free Press, 1996.

ARIELY, D.; BERNS, G. S. Neuromarketing: the hope and hype of neuroimaging in business. *Nature Reviews* Neuroscience, v. 4, n. 1, p. 284-292, 2010. Disponível em: https://pmc.ncbi.nlm.nih.gov/articles/PMC2875927/. Acesso em: 28 out. 2024.

BAR, M. Primeiras impressões: uma janela para a caixa preta. *Neurociência cognitiva*, v. 2, n. 19, p. 5-9, 2006.

DAMASIO, A. *Descartes' Error*: Emotion, Reason, and the Human Brain. Londres: Putnam Publishing, 1994.

KAHNEMAN, D. *Thinking, fast and slow*. Nova York: Farrar, Straus & Giroux, 2011.

LeDOUX, J. *The emotional brain*: The mysterious underpinnings of emotional life. Nova York: Simon & Schuster, 1996.

MAYER, R. C.; DAVIS, J. H.; SCHOORMAN, F. D. An Integrative Model of Organizational Trust. *Academy of Management Review*, v. 3, n. 20, p. 709-734, 1995. Disponível em: https://www.jstor.org/stable/258792?origin=JSTOR-pdf. Acesso em: 28 out. 2024.

PLASSMANN, H.; RAMSØY, T. Z.; MILOSAVLJEVIC, M. Branding the brain: A critical review and outlook. *Journal of Consumer Psychology*, v. 1, n. 22, p. 18-36, 2012. Disponível em: https://www.insead.edu/sites/insead/files/assets/faculty-personal-site/hilke-plassmann/documents/16_Plassmann_etal_JCP_2012.pdf. Acesso em: 28 out. 2024.

TODOROV, A.; ULEMAN, J. S. Spontaneous trait inferences are bound to actors: Evidence from false recognition. *Journal of Personality and Social Psychology*, v. 5, n. 83, p. 1.051-1.065, 2002. Disponível em: https://psycnet.apa.org/record/2002-18731-002. Acesso em: 28 out. 2024.

ZAK, P. J. The Neurobiology of Trust. *Scientific American*, v. 6, n. 298, p. 88-92, 2008. Disponível em: https://www.scientificamerican.com/article/the-neurobiology-of-trust/. Acesso em: 28 out. 2024.

"

Manú Ribeiro

Conquiste corações, não apenas atenção: transforme sua marca em uma experiência emocional que fideliza e encanta a cada interação.

Maria Lilian

Sou Maria Lilian, nascida em Ciudad Obregón, Sonora, no México. Designer gráfica por formação e apaixonada pelo universo do *branding* há dezesseis anos, me mudei para o Brasil em 2010, após conhecer meu esposo João Paulo enquanto estudava nos Estados Unidos. Fundadora e gestora da Agência Mango, desde 2014 tenho construído marcas de sucesso e impactado empresas em mais de seis países. Minha missão é transformar marcas em experiências, criando conexões autênticas que gerem impacto real nos negócios. Mãe dos gêmeos João Paulo e Maria Vitória e do pequeno Alonso, minha trajetória é marcada por criatividade, inovação e uma visão apaixonada por construir legados inspiradores.

Instagram
lylyarraes | agencia.mango

WhatsApp
+55 (43) 3371-9550

LinkedIn
Maria Lilian Servin de la Mora

E-mail
lyly@mangomktdigital.com.br

MARCA *que* MARCA

15 CRIATIVIDADE E INOVAÇÃO: O CORAÇÃO DO *BRANDING* VIVO

Por Maria Lilian

Em um mundo onde o empreendedorismo cresce diariamente, marcas surgem com uma frequência impressionante. No Brasil, por exemplo, mais de 12.800 novas empresas são abertas todos os dias, somando um total de 3,7 milhões de novos negócios por ano. A expectativa é que, até 2030, mais de seis milhões de empresas sejam abertas no cenário global. Nesse contexto de rápida expansão, como uma marca pode realmente se destacar em meio a tantas outras? A resposta está na criatividade e na inovação. Em um mercado saturado, essas duas ferramentas se tornam essenciais para transformar uma marca em algo memorável e duradouro. Elas criam experiências que vão além do comum, tocando emocionalmente o público e gerando conexões que fazem a marca se destacar.

Desde criança, sou apaixonada por *design*. Eu me lembro das vezes em que, ao passear com meus pais pelos corredores do Walmart nos Estados Unidos, ficava completamente fascinada pelos cartões da Hallmark. Para quem não conhece, a Hallmark é uma empresa norte-americana que produz cartões comemorativos, conhecida por suas mensagens emocionantes e *designs* encantadores. Eu costumava dizer que, quando crescesse, iria trabalhar nessa empresa. As cores vibrantes, os acabamentos delicados e os detalhes tipográficos me deixavam encantada. Sem saber, aqueles momentos já estavam moldando minha futura paixão: ajudar marcas a se destacar, contar suas histórias e criar conexões autênticas com as pessoas. Esse fascínio inicial foi o que me levou a seguir a trajetória que culminou na fundação da Agência Mango, e até hoje essa essência me acompanha.

Atualmente, somos focados em *brand + growth*, um conceito que une o fortalecimento da marca com estratégias de crescimento. Esses dois elementos estão profundamente conectados, pois ambos são essenciais para o sucesso em longo prazo de uma empresa. Enquanto o *growth* se concentra em atrair e converter novos clientes, o *branding* é responsável por cultivar lealdade e retenção, através de uma percepção positiva e duradoura da marca.

Crescimento sem uma marca forte pode ser passageiro, uma onda que logo perde força. E, por outro lado, uma marca sólida sem estratégias de crescimento pode perder relevância e deixar de atrair novas oportunidades. O segredo está no equilíbrio: como você está investindo na sua empresa? Será que o foco está apenas em ações de curto prazo, nas soluções imediatas? Não podemos ignorar o *branding*, que é o que sustenta a marca no longo prazo. Precisamos de crescimento, sim, mas com uma base sólida e uma marca forte para garantir que os resultados sejam não apenas rápidos, mas também duradouros.

Minha jornada no *branding* é sobre mais do que apenas estética. É sobre encontrar a alma da marca, descobrir como ela pode se conectar com as pessoas e se posicionar de forma autêntica em um mercado cada vez mais saturado. *Branding* é uma forma de arte viva e para fazer arte precisamos de muita criatividade. Minha missão é garantir que as marcas que construímos não sejam apenas lembradas, mas, sim, sentidas.

Você já percebeu como várias marcas têm apostado no *rebranding* nos últimos anos? Marcas consagradas, que há décadas dominam o mercado, estão constantemente se reinventando. Mas por que tantas marcas, mesmo as mais estabelecidas, estão recorrendo ao *rebranding*? A resposta está na constante transformação do comportamento do consumidor. O que funcionava há cinco anos, hoje pode ser completamente obsoleto. As expectativas mudam, as tendências evoluem e marcas que não acompanham esse ritmo correm o sério risco de perder sua relevância e, eventualmente, desaparecer. Como diria Darwin, "Não é o mais forte das espécies que sobrevive, nem o mais inteligente, mas o que melhor se adapta às mudanças". Isso se aplica perfeitamente ao mundo das marcas.

O *rebranding* não é algo reservado apenas para gigantes do mercado. É uma estratégia vital também para startups e empresas que estão no início da sua jornada. Mas por que isso é tão importante? Porque *rebranding* é mais do que uma simples mudança de imagem; é sobre reposicionar a marca e fazê-la ressoar novamente com seu público. Para que essa transformação funcione, você precisa de dois ingredientes essenciais: criatividade e inovação. A criatividade vai ajudar você a recontar a história da marca de uma forma mais envolvente e conectada ao momento atual. Já a inovação garante que essa nova narrativa não só acompanhe as mudanças do mercado, mas também se antecipe a elas. Quando combinamos essas duas forças, a marca se transforma e se reinventa com relevância e propósito.

Sempre falo que o *branding* é uma mistura de ciência e arte. Ele exige uma análise estratégica profunda, aliada à habilidade de contar uma história e de se comunicar emocionalmente com o público. Tudo começa com um nome, que pode parecer uma escolha simples, mas que é absolutamente crucial. O nome de uma marca deve refletir seu posicionamento, ser memorável, curto e estar disponível para uso legal e on-line. Isso, aliás, tem se tornado um grande desafio, já que, com tantas marcas nascendo diariamente, encontrar um nome disponível tanto legal quanto digitalmente pode ser bastante complicado. Uma dica valiosa: muitos nomes de sucesso têm até quatro sílabas, pois isso os torna mais fáceis de lembrar e pronunciar, aumentando a força de sua identidade.

Esse nome se transforma no pilar central de toda a identidade da marca. Mas o *branding* não termina aí. Ele se estende para cada aspecto da comunicação: a identidade visual, o tom de voz e a experiência completa que a marca proporciona ao público. Cada um desses elementos precisa ser cuidadosamente construído para transmitir a essência da marca e fortalecer sua conexão com o consumidor.

E o mais importante: saber que o *branding* é um processo contínuo. Ele nunca termina. Uma marca bem-sucedida está sempre se reinventando, ajustando sua estratégia e testando novas formas de se conectar com seu público.

No *branding* moderno, a inovação é o motor que impulsiona cada processo. E ferramentas como o neuromarketing são exemplos de como a tecnologia está transformando a maneira de as marcas se conectarem com o público. A inovação tecnológica permite que compreendamos e prevejamos as reações do consumidor, desenvolvendo estratégias de *branding* cada vez mais assertivas e emocionalmente conectadas.

Análises preditivas nos permitem mapear o engajamento emocional, a demanda cognitiva e as reações neurológicas do público a diferentes estímulos de *branding*. É uma maneira de prever o impacto que uma identidade visual, uma mensagem ou até mesmo uma cor terão no cérebro dos consumidores. Estamos na vanguarda dessa tecnologia, utilizando ferramentas de neuromarketing para medir e analisar o engajamento emocional do público em processos de *branding* e *rebranding*. Isso permite não apenas entender o impacto das estratégias atuais, mas também prever como as mudanças propostas afetarão a percepção da marca e as respostas do consumidor. Assim, conseguimos desenvolver estratégias de *branding* mais assertivas, com base em dados reais de como essas experiências impactam o cérebro humano. Imagine ser capaz de medir, com precisão científica, como uma mudança na identidade de uma marca vai gerar respostas positivas ou negativas no público. Essa é a beleza de unir ciência e criatividade no processo de *branding*: a capacidade de criar estratégias mais inteligentes, impactantes e conectadas emocionalmente com as pessoas.

O conceito vivo de *branding*: mais do que aparência, uma conexão

Branding não é apenas uma identidade visual bonita; é uma ciência que cria conexões. O "*ing*" na palavra *branding* reflete essa natureza contínua. É sobre construir, aprimorar e manter viva a percepção que as pessoas têm da sua marca. É uma ação constante e intencional de reforçar quem você é e, mais importante, de se adaptar ao que seu público busca e deseja. Afinal, vivemos em um mundo saturado de informações, e a criatividade é a ferramenta que diferencia uma marca comum de uma marca inesquecível. A inovação é o motor que mantém essa marca em movimento. Enquanto muitas marcas focam apenas a aparência, aquelas que investem em entender profundamente seus consumidores, em aplicar neuromarketing e em analisar dados preditivos são as que conseguem construir uma identidade memorável e significativa.

O futuro do *branding* será cada vez mais sobre criar conexões autênticas e humanizadas em um mundo digital e automatizado. As marcas que souberem equilibrar tecnologia com comunicação genuína e valores sociais terão mais sucesso. A inteligência artificial e a análise preditiva possibilitam personalizar a experiência de marca, compreender melhor o comportamento do consumidor e antecipar suas necessidades. Mas, por mais que a tecnologia avance, a essência do branding estará sempre nas conexões humanas. O *branding* é uma mistura poderosa de arte, ciência e emoção. É a capacidade de contar uma história envolvente, de criar uma experiência única e de se conectar de maneira genuína com seu público. Cada detalhe, desde o nome até o design e as estratégias de comunicação, é pensado para criar uma jornada emocional que leva o consumidor a se envolver e a se apaixonar pela marca.

O *branding* é um processo vivo, em constante evolução. Não é algo que se faz uma vez; é uma jornada contínua de melhoria, inovação e adaptação. Enquanto outras empresas nascem e desaparecem, o *branding* é o que mantém uma marca viva e relevante. *Branding* é sobre criar uma conexão única e inesquecível. Uma marca viva é aquela que nunca para de se reinventar, que abraça a inovação e que busca sempre formas de fazer a diferença na vida das pessoas. Quando você entende o poder de unir criatividade, inovação e ciência, o *branding* deixa de ser apenas uma estratégia e se torna uma arte. Uma arte viva que guia a evolução da sua marca e transforma a forma como ela é vista pelo mundo.

Referências bibliográficas

ABERTURA de micro e pequenas empresas tem alta de 6,6% em 2023. *Agência Sebrae de Notícias*, 5 fev. 2024. Disponível em: https://agenciasebrae.com.br/economia-e-politica/abertura-de-micro-e-pequenas-empresas-tem-alta-de-66-em-2023/. Acesso em: 28 out. 2024.

BRASIL tem 2,7 milhões de novas empresas em 2023. *Ministério do Desenvolvimento, Indústria, Comércio e Serviços*, 26 set. 2023. Disponível em: https://www.gov.br/mdic/pt-br/assuntos/noticias/2023/setembro/brasil-tem-2-7-milhoes-de-novas-empresas-em-2023. Acesso em: 28 out. 2024.

DARWIN, C. *Origem das espécies*. São Paulo. Editora Madras, 2020.

"

Maria Lilian

O *branding* é um processo vivo, em constante evolução. Não é algo que se faz uma vez; é uma jornada contínua de melhoria, inovação e adaptação.

Mateus Boeri

Designer por formação e criativo pela vida, sou pós-graduado em *Branding* e especialista em Construção de Marcas, com mais de quinze anos de experiência. Desenvolvi metodologias próprias que unem *design*, *branding* e criatividade, com o propósito de revelar o diferencial único de cada projeto. Ajudo empresas e pessoas a construir marcas autênticas e poderosas, transformando-as em ativos de alto valor.

Instagram
mateusboeri

Site
mateusboeri.com.br

MARCA
que
MARCA

16 INOVAÇÃO "SEM GLÚTEN" - CRIATIVIDADE APLICADA À MARCA

Por Mateus Boeri

— Mas mãe, todo mundo vai...

— Mateus, você não é todo mundo.

Acredito que minha mãe e a sua sempre tiveram razão ao dizer "Você não é todo mundo". Essa frase nunca fez tanto sentido como quando comecei a trabalhar com *design* e, principalmente, com marcas. Afinal, no mundo das marcas, ser "todo mundo" é o caminho mais rápido para se perder na multidão.

Hoje, estamos cercados por produtos sem glúten. O que era uma tendência alimentar se espalhou por outras categorias, com marcas competindo para ser "livres" de algo. Mas é só disso que uma marca precisa? Eu acredito que ser "sem glúten" vai além do rótulo. É sobre ser autêntico, original e se destacar num mercado saturado de propostas semelhantes.

Compreender o diferencial, entender o que nos torna únicos e como isso gera valor percebido tem sido minha principal proposta de estudo, mas também o que aplico todos os dias no meu trabalho e na vida. Afinal, ser diferente é um desafio. Exige coragem. Criar uma marca "sem glúten" é remover o supérfluo e manter o essencial – o que a torna única e relevante. E isso me leva diretamente à ideia central deste capítulo: criatividade como um fator essencial para a construção de marcas.

Criatividade como diferencial

Atuando como estrategista de marcas, percebo que a criatividade é meu diferencial. Desenvolvi metodologias que, através de processos, extraem a inovação que diferencia a marca. Meu objetivo aqui é provocar você, mostrando que ser diferente exige coragem – para errar, experimentar e sair do óbvio. Afinal, o erro é inerente ao diferente.

Quando recebi o convite para escrever este capítulo, senti aquele frio na barriga. O medo estava lá, mas também a motivação de fazer algo pela primeira vez. Que oportunidade de aprendizado! Pensei: *Como posso impactar as pessoas com meu conhecimento? Como transmitir o que acredito?* A resposta veio rápido: com criatividade. Quero que este texto inspire você a enxergar a criatividade como um método, quase como um departamento essencial que molda o comportamento do empreendedor e de toda a equipe. A criatividade, infelizmente, ainda é subestimada e cercada de preconceitos.

Ainda ouço muitos dizerem: "Mas eu não sou criativo". A verdade é que criatividade é uma habilidade como qualquer outra – pode ser desenvolvida com prática, assim como ir à academia.

Marcas e pessoas

Antes de entrarmos a fundo no tema da criatividade, preciso estabelecer uma premissa básica: marcas são feitas por pessoas. Para falar sobre marcas, é necessário entender de gente, de comportamento e de desejos. Cada um de nós é, de certa forma, uma marca. Nossa identidade, nossos valores, nosso estilo de vida: tudo isso contribui para a nossa marca pessoal. Quando aplicamos isso nas empresas, a mesma lógica se mantém. Por trás de cada grande marca, existe um empreendedor que pensou diferente, que foi lá e fez acontecer.

O CPF por trás do CNPJ

Hoje, é cada vez mais comum vermos CEOs à frente das empresas, construindo suas próprias marcas pessoais. As pessoas querem saber quem está por trás daquele negócio, daquela marca. Assim como Steve Jobs foi para a Apple, Caíto Maia é para a Chilli Beans e Bianca Andrade para a Boca Rosa, muitos outros empresários exercem seu poder de influência, trazendo autenticidade e conexão às suas marcas.

Quando sou procurado pelas empresas para ajudar na construção de marcas, não consigo separar o CPF do CNPJ. Eu me interesso genuinamente pelas pessoas, porque é no ímpeto empreendedor que tudo começa. A ideia, a visão, a coragem de arriscar e colocar algo no mundo – tudo isso vem do empreendedor por trás da marca. Marcas não são criadas por empresas, são criadas por pessoas. Esse é o verdadeiro poder de uma marca. E quando falamos de criatividade nesse contexto, estamos falando de como usar esse poder para criar algo autêntico, relevante e, principalmente, conectado com o público-alvo.

Quando falo de diferenciação, não me refiro a algo superficial, como seguir modismos do tipo "sem glúten", que nem sempre trazem valor real. O diferencial pode estar nas sutilezas – seja no atendimento, em um produto, na embalagem, na voz da marca ou no nicho de atuação. O importante é identificar o que realmente faz sentido para sua marca. Às vezes, mudar a ordem das coisas já cria um grande impacto, mas é essencial testar e validar.

Empresa *versus* marca

É imprescindível distinguir uma empresa de uma marca. Existem muitas empresas no mundo, mas nem todas se transformam em marcas. E por quê? Para isso acontecer, o empreendedor precisa ter uma visão clara e uma estratégia de posicionamento. Não se trata apenas de vender produtos ou serviços, mas de criar uma conexão genuína com as pessoas, gerando valor percebido que vai além do tangível.

Evito usar a palavra *branding* com frequência, pois, para muitos, ainda soa abstrata ou como "perfumaria". No entanto, construir uma marca sólida é crucial para o sucesso de uma empresa. Quando uma empresa se posiciona como marca, vai além da oferta de produtos e passa a ser reconhecida por seu propósito, sua autenticidade e sua relevância no mercado. E isso nos leva a uma escolha fundamental: você quer competir por preço ou ser lembrado pelo que faz de forma única? Há duas opções. Você pode entrar na corrida por preços, com vendas que exigem grande esforço, ou investir na construção de uma marca, lembrada por sua diferenciação. Qual das duas opções parece mais sustentável? Qual delas demanda menos energia?

O caminho do pato

Essa discussão sobre ser único e navegar em áreas distintas me leva a uma reflexão pessoal que ilustra bem como a diversidade de experiências pode ser um diferencial criativo. É aqui que entra a história do pato – sim, você leu certo, um pato. Pode parecer estranho, mas você já parou para pensar que um pato pode nadar, andar e voar, mas não faz nenhuma dessas coisas de forma excelente? Será? Recentemente, ouvi alguém defender a ideia de que devemos ser especialistas em uma única coisa. *Coitado do pato*, pensei. Até concordo em partes – claro que um médico especializado em ortopedia não deve operar um rim –, mas será que ser generalista é realmente um problema?

Quero defender o coitado do pato com base nas minhas próprias experiências de vida.

A infância e o adulto TDAH

Nasci na década de 1980 e minha infância foi cheia de imaginação e criação. Eu construía casas na árvore, rampas de skate, pregava, serrava, sempre inventando algo novo. Mas, na escola, eu tinha muita dificuldade. Naquela época, não se falava sobre TDAH, então só recentemente busquei um profissional e fui diagnosticado. Olhar para isso me trouxe um autoconhecimento enorme. Entender como funciono me ajudou a valorizar algo que sempre me pareceu um "defeito de fábrica", mas que hoje vejo como um dos meus principais diferenciais: o processamento criativo e o hiperfoco.

Formação e curiosidade sem fim

Tanto minhas formações quanto as coisas que exploro, tudo me ajudou a construir uma visão mais ampla. Comecei pelo Design, depois me pós-graduei em Branding, e, em algum momento, fui estudar Gastronomia. A maioria das pessoas talvez dissesse que eu "desviei do foco", mas foi justamente o contrário. Eu queria ampliar meu olhar. Estudar Gastronomia me permitiu entender melhor os sentidos – sabor, textura, cheiro, cor, serviço – e isso se refletiu diretamente nos projetos que entrego. Acredite, qualquer experiência pode enriquecer sua criatividade, basta ter o olhar certo.

O método na criatividade

Minha exposição ao novo continua. Recentemente, entrei para a dança de salão e um exercício me marcou profundamente: o professor pediu que imaginássemos nosso corpo como um pincel, pintando uma tela enquanto nos movíamos. Essa provocação nos tirou da zona de conforto, revelando novas maneiras de enxergar a dança. Ao abandonar os movimentos convencionais, vimos novas possibilidades surgirem. Isso demonstra a importância de processos que não dependem apenas de "boas ideias", mas de mudanças de perspectiva que exploram o desconhecido.

Na construção de marcas, uso metodologias similares de criatividade condicionada. Imagine que você tem 100 mil reais para criar uma marca ou desenvolver um novo produto. E se eu pedisse para você fazer o mesmo projeto com apenas 10 mil reais? É nesse momento que a magia acontece: ao limitar os recursos, o cérebro acessa seu repertório criativo para encontrar novas soluções. Quando o óbvio é retirado, o inesperado ganha espaço.

Ligue os pontos

A criatividade vem da capacidade de conectar o inesperado. Imagine seu cérebro como uma coleção de bolinhas, em que cada nova experiência adiciona uma nova bolinha. Fez um curso? Bolinha. Experimentou uma comida nova? Outra bolinha. Viajou para um lugar novo? Mais bolinhas. Quanto mais bolinhas você acumula, mais conexões mentais se formam para resolver problemas. A criatividade surge dessa habilidade de acessar diferentes referências e combinar essas experiências de forma única. E é assim que nascem as soluções criativas.

Criatividade aplicada a marcas

A criatividade tem o poder de transformar uma marca de dentro para fora. Ela é a chave para revelar o que distingue uma marca das outras e fazê-la se destacar na multidão. O melhor de tudo: a criatividade está ao alcance de todos, especialmente das marcas menores ou em início de jornada. Elas devem usá-la como seu maior diferencial. Toda grande marca começou pequena e uma pequena marca, quando criativa, pode fazer barulho de gente grande.

O que você fez de diferente hoje?

Para finalizar, quero deixar um exercício que faço há muitos anos. Pergunte a si mesmo: "O que eu fiz de diferente hoje?". A criatividade começa quando nos desafiamos a sair do comum e explorar novos caminhos. Não importa se você é especialista ou generalista, a abertura ao novo cria oportunidades de inovação e solução de problemas. Talvez o ortopedista possa, sim, trazer uma novidade que transforme a Medicina e ajude até a operar rins. Então, *bora* se expor ao novo!

Lembre-se: em um mundo cheio de marcas gritando por atenção, a criatividade é o seu megafone silencioso. Não precisa fazer barulho para ser ouvida; precisa ser autêntica e relevante. Assim como o pato que nada, voa e caminha, sua marca pode ser versátil sem perder a essência.

Assinado, um pato que sabe nadar, voar, caminhar e, acima de tudo, enxergar novas possibilidades.

“

Mateus Boeri

O que eu fiz de diferente hoje?

Mayla Amorim

Prazer! Sou Mayla Amorim.

Ao longo de trinta anos de carreira, tive a oportunidade de trabalhar com empresas de diversos portes e segmentos, sempre com o propósito de desenvolver negócios e pessoas.

Minha vivência internacional nos EUA, onde estudei, trabalhei e participei de congressos, me proporcionou uma visão global que aplico em cada projeto. Minha experiência como educadora em diversas universidades me permite compartilhar conhecimento de forma clara e objetiva, ajudando você a entender as nuances do mercado.

Na Mayla Amorim Consultoria Organizacional, oferecemos um portfólio completo de serviços, desde análise, diagnóstico, planejamento, posicionamento de marca e marca empregadora, além de palestras e cursos.

Juntos, vamos transformar desafios em oportunidades para você e o seu negócio.

Instagram
maylaamorimconsultoria

WhatsApp
+55 (34) 99142-1124

LinkedIn
Mayla Amorim

E-mail
consultoria@maylaamorim.com.br

Site
bio.link/maylaamo

MARCA *que* MARCA

17 POTENCIALIZE SUA MARCA DE DENTRO PARA FORA

Por Mayla Amorim

Quando escolhi falar sobre marca empregadora, havia um propósito, afinal, *employer branding* envolve pessoas e acredito verdadeiramente que **as pessoas são o coração das organizações modernas**.

Quando olhamos para o ser humano de forma integral, considerando suas necessidades, seus sonhos e o desejo de fazer a diferença, entendemos que marcas e pessoas precisam se alinhar com esses valores para prosperar. Imagine uma empresa na qual os colaboradores não são apenas peças de uma engrenagem, mas o centro da estratégia, em que cada pessoa é tratada com respeito, valorizada e incentivada a crescer; a tendência é que tudo a seu redor também cresça e prospere. Abordar o tema marca empregadora é falar sobre seres humanos e sua conexão com o trabalho, que, de forma natural, fomenta inovação e produtividade, gerando prosperidade não apenas para si, mas também para a empresa e o meio no qual está inserida.

Em um mundo que se transforma rapidamente, as organizações enfrentam inúmeros desafios: lidar pela primeira vez na história com quatro gerações trabalhando simultaneamente, acompanhar as inovações, entregar valor e experiências personalizadas para seus clientes internos e externos, gerar sustentabilidade e, claro, atrair e reter talentos em um ambiente onde a competição vai além de produtos e serviços. E é justamente nesse cenário que surge a importância da marca empregadora. *Employer branding* não é apenas uma tendência; é a alma de uma empresa próspera, aquela que entende que o sucesso para o posicionamento de uma marca começa de dentro para fora, com suas pessoas, com os seus talentos.

Uma marca que vai além da tangibilidade e se posiciona com sucesso promove saúde física e mental, inclui, respeita as diferenças, gera riqueza, proporciona bem-estar, possui lideranças que inspiram e que incentivam o autoconhecimento e o autodesenvolvimento, estimulando pessoas, marcas e negócios a serem promotores de valores, propósitos verdadeiros para si e para a sociedade. O verdadeiro sucesso no posicionamento de uma marca nasce no interior da empresa, onde cada colaborador, valorizado e inspirado, se transforma em um promotor da marca. Quando as pessoas dentro da organização estão conectadas a valores e propósitos, o impacto naturalmente se expande para fora, criando uma marca autêntica e poderosa que reverbera não apenas no mercado, mas também nas relações, gerando conexões que transformam.

Uma relação superficial com as pessoas

Ao longo da história, muitas organizações falharam ao tratar seus colaboradores apenas como recursos. Focadas em resultados imediatos, deixaram de enxergar o potencial humano por completo. A consequência disso? Uma força de trabalho desmotivada, alta rotatividade e uma marca desvalorizada.

Estima-se que empresas com baixa retenção de talentos chegam a gastar 33% do salário anual de um colaborador para substituir uma única pessoa. É importante ficarmos atentos aos relatórios da Society for Human Resource Management, que publica regularmente estudos sobre gestão de pessoas, incluindo dados sobre custos de rotatividade, a fim de embasar nossas decisões estratégicas de marca empregadora. Essa instabilidade afeta diretamente a experiência do cliente e a reputação da empresa no mercado, ou seja, como a marca é percebida pelo cliente final. Se o foco está apenas nos números, perde-se o que realmente faz a diferença: o engajamento da equipe.

Organizações que tratam seus colaboradores como mero meio para o fim estão fadadas a falhar no longo prazo. Uma pesquisa do LinkedIn revelou que 75% dos candidatos a emprego consideram a reputação de uma empresa essencial na decisão de aceitar uma oferta de trabalho, o que reforça a necessidade de um posicionamento de marca coerente com os valores internos.

Ao longo dos anos, conheci empresas que pareciam perfeitas no papel. Elas tinham produtos inovadores, resultados financeiros sólidos e uma imagem externa bem-construída. Mas, por trás das portas fechadas, a realidade era outra. Eu me lembro de conversar com uma ex-funcionária de uma dessas empresas, uma jovem talentosa e cheia de energia, que começou com grande entusiasmo, mas rapidamente se viu exaurida. O brilho nos olhos foi substituído pela frustração de não ser ouvida, de ser tratada como um número. E essa história não é rara de encontrar.

Empresas focadas apenas no que aparece nos balanços trimestrais ignoraram o que realmente impulsiona o sucesso duradouro: o compromisso sincero com as pessoas. O resultado? Uma marca vazia, colaboradores desmotivados e clientes que, aos poucos, percebem a desconexão entre a promessa e a realidade.

O efeito no desempenho e na reputação

Imagine a seguinte cena: você chega ao trabalho em uma manhã como qualquer outra, mas algo está diferente. O ambiente está mais pesado, as conversas são em tom baixo e aquele colega que sempre trazia ideias inovadoras agora apenas cumpre suas tarefas, sem o brilho no olhar. Aos poucos, você percebe o que está acontecendo: a cultura organizacional, que antes inspirava colaboração, está completamente focada em produtividade a qualquer custo. As pessoas estão desmotivadas, desconectadas, como se estivessem apenas "cumprindo tabela". Por quê? Porque, em algum momento, a empresa escolheu priorizar números em vez das pessoas.

Os talentos mais criativos começaram a sair, levando com eles a essência inovadora da empresa. Quem ficou se tornou parte de um ambiente tóxico, onde o medo substituiu o espírito de colaboração. Aquela empresa, que um dia era vista como um sonho para se trabalhar, agora enfrenta críticas internas e externas. Os colaboradores já não confiavam mais na organização e isso se reflete nas avaliações de clientes e no mercado.

Essa história pode parecer familiar porque se repete com frequência. Empresas que não investem em uma cultura organizacional sólida, que equilibra produtividade com bem-estar e desenvolvimento dos colaboradores, acabam pagando o preço. O que muitas esquecem é que, ao cuidar das pessoas, o retorno é exponencial: crescimento, inovação e um sucesso que não apenas dura, mas se multiplica.

O coração pulsante de uma empresa: a marca empregadora

Imagine um mundo onde o trabalho não é apenas um meio para um fim, mas um lugar onde você se sente valorizado, inspirado e parte de algo maior. Um lugar onde suas ideias ganham vida e você tem a oportunidade de crescer tanto profissionalmente quanto pessoalmente. Esse é o poder do *employer branding*.

Uma marca empregadora forte não é apenas um rótulo ou uma estratégia de marketing. É a alma de uma empresa, a promessa de uma experiência única e significativa para cada colaborador. É o que faz com que um candidato se sinta atraído por uma vaga e um funcionário se sinta orgulhoso de fazer parte daquela equipe e se torne embaixador da marca.

Por que a marca empregadora importa?

Pense em uma empresa como um organismo vivo. Seus colaboradores são as células que a compõem. Quando essas células se sentem saudáveis e motivadas, o organismo como um todo funciona melhor. Uma marca empregadora forte cria um ambiente de trabalho onde as pessoas se conectam emocionalmente com a empresa, se sentem parte de um propósito maior e estão dispostas a dar o melhor de si.

Os benefícios de uma marca empregadora vão além dos números. É claro que ela atrai os melhores talentos, reduz custos com recrutamento e aumenta a produtividade. Mas o mais importante é que ela cria uma cultura de inovação, colaboração e bem-estar.

Quando as pessoas se sentem valorizadas e respeitadas, elas são mais criativas e proativas. Elas se sentem à vontade para compartilhar suas ideias e buscar soluções únicas. E isso, por sua vez, impulsiona o crescimento da empresa e a sua reputação no mercado.

Empresas como o Google são exemplos inspiradores de como uma marca empregadora forte pode transformar vidas. Trabalhar no Google não é apenas um emprego; é a oportunidade de fazer parte de uma revolução tecnológica e deixar um legado.

O que torna essas empresas marcas empregadoras fortes?

- **Cultura organizacional:** valores claros, missão definida e um ambiente de trabalho positivo e colaborativo.
- **Oportunidades de desenvolvimento:** programas de treinamento, mentoria e promoção interna que incentivam o crescimento.
- **Benefícios atrativos:** além dos benefícios tradicionais, as empresas oferecem benefícios inovadores que atendem às necessidades dos colaboradores.
- **Responsabilidade social:** as empresas demonstram preocupação com questões sociais e ambientais, atraindo talentos que buscam fazer a diferença.

- **Comunicação transparente:** as empresas comunicam seus valores, objetivos e resultados de forma clara e transparente para seus colaboradores.

Por que investir em uma marca empregadora forte?

- **Atração de talentos:** uma marca empregadora forte atrai os melhores profissionais.
- **Retenção de talentos:** colaboradores engajados e satisfeitos tendem a permanecer na empresa por mais tempo, reduzindo custos com recrutamento e treinamento.
- **Produtividade:** um ambiente de trabalho positivo aumenta a produtividade e a qualidade do trabalho.
- **Inovação:** colaboradores engajados são mais propensos a apresentar ideias inovadoras e a contribuir para o sucesso da marca.
- **Reputação da marca:** uma marca empregadora contribui para a reputação da empresa, atraindo clientes e investidores.

Uma marca empregadora forte não surge por acaso. Ela é esculpida diariamente pelas mãos de líderes visionários, que inspiram, conectam e transformam. Um líder que delega responsabilidades está presente para apoiar e celebrar as conquistas. É esse tipo de liderança que constrói uma marca empregadora que atrai os melhores talentos e os faz quererem ficar. A marca empregadora é o coração pulsante da sua empresa. É o que conecta sua marca às pessoas de forma autêntica, é o diferencial que torna sua marca única, é o que a conecta com as pessoas e é o que a move para frente.

Você está pronto para dar vida à sua marca? Permita que ela fale por você e se conecte com as pessoas.

Referência bibliográfica

EMPLOYER Branding nas redes sociais: melhores práticas. *Vorecol*. Disponível em: https://vorecol.com/pt/blogs/blog-employer-branding-nas-redes-sociais-melhores-praticas-28765#:~:text=De%20acordo%20com%20um%20estudo%20recente%20da%20LinkedIn%2C%2075%25%20dos,de%20funcion%C3%A1rios%20at%C3%A9%2028%25%20maior. Acesso em: 5 nov. 2025.

“

Mayla Amorim

O mais importante não é o que você diz sobre sua empresa, mas o que seus colaboradores dizem sobre trabalhar nela.

Michelle Laysla

Sou Michelle Laysla, cristã, mineira e casada com um homem incrível – meu maior companheiro e incentivador em cada passo dessa jornada. Eu me encontrei no *design* e no empreendedorismo iniciando minha jornada com marcas em 2018. Durante minha graduação em Design de Interiores, em 2016, descobri o Design Gráfico, e ali nasceu uma paixão por marcas, o que me levou a me especializar ainda mais com uma pós-graduação em Design Digital e Branding. Fundei a Garden Creative em 2020, um *studio* no qual cada marca é gerada com profundidade e autenticidade. Como diretora criativa e mentora, ajudo cada cliente a criar uma identidade que vá além do visual.

Minha missão é mais do que criar marcas, é enraizar significados, valores e histórias, impactando pessoas. Tudo que faço nesta jornada é para honrar a Deus, a quem entrego toda glória e gratidão. Ele é a fonte de cada inspiração e propósito que guiam meu trabalho.

Pegue um café, e vamos enraizar juntos?

Entre em contato pelo *QR Code* abaixo.

Instagram
michellelaysla | gardencrtv

Site
gardencreative.com.br

MARCA que MARCA

18 A ESSÊNCIA DO *BRANDING*: INDO ALÉM DO VISUAL

Por Michelle Laysla

O que faz uma marca ser lembrada além do seu logotipo? Como uma marca pode gerar conexão com seu público? A resposta está na essência do *branding*. Quando falamos de essência, falamos de um fundamento, a natureza de um ser ou de uma coisa, ou seja, as raízes. Assim como uma árvore é sustentada por raízes, a essência do *branding* está no que não se vê diretamente – os valores e a conexão emocional que sustentam o crescimento visível da marca.

Não tem como falar sobre *branding* sem antes compreendermos o que realmente é uma marca. Segundo David Aaker, a marca é "muito mais do que um nome e um logo, ela é a promessa de uma empresa ao cliente" (2015, p. 11). Já pensou no que nos faz comprar um produto em vez de outro, mesmo sendo semelhantes? Quando você escolhe uma marca, não está apenas comprando um produto, está se conectando com seus valores e o que ela representa. Reflita sobre a essência da sua marca: como deseja ser lembrado?

O *branding* é responsável por gerar diferenciação e destaque da marca de forma a despertar uma conexão emocional com seu público. Engana-se quem pensa que o branding é algo apenas para grandes empresas. O logo na embalagem do sanduíche do delivery é *branding* feito para se diferenciar da concorrência, assim como aquela maçã atrás do celular que você identifica de longe. Vamos desvendar o coração das marcas para entender como aplicar a essência do *branding* e ir além do visual.

Respondendo aquelas perguntas clichês, como "Quais são os seus valores?", "Para quem deseja se comunicar?", "O que você vende?", descobrimos as raízes da marca, que são essenciais para alinhar o posicionamento e a identidade que iremos comunicar. Passamos a entender também como nosso produto ou serviço se conecta diretamente com o consumidor e como resolve uma necessidade real na vida deles.

Encontrar uma **solução autêntica** que conjugue os objetivos e a proposta de valor da marca é um passo necessário para construir uma identidade cada vez mais alinhada e intencional. Gerenciar uma marca é, na verdade, criar relações com pessoas, com seus desejos, comportamentos e aspirações mais profundas. Ao identificar o que gera profundidade e toca o seu público, construímos uma marca enraizada, forte e memorável. Por isso a frase "enraizando marcas e pessoas" significa tanto para mim.

Mas não adianta sair criando uma estratégia mirabolante se isso não for a realidade do seu negócio hoje. É preciso uma **estratégia sustentável** interligando a visão da empresa com a necessidade do consumidor, que, quando alinhada às crenças e valores, cria uma base sólida que potencializa o crescimento contínuo da marca e direciona o posicionamento ideal de comunicação.

Após anos trabalhando com marcas, percebi a dificuldade que muitos profissionais enfrentam em traduzir a essência de seus negócios para o público. Isso me levou a desenvolver uma metodologia que pudesse simplificar esse processo. A **Metodologia S.E.E.D.** (semente) é um acrônimo para quatro etapas: Solução Autêntica, Estratégia Sustentável, Experiências Memoráveis e *Design* Único.

Assim como a semente precisa de raízes para crescer, uma marca precisa de uma base sólida e forte para sustentar o crescimento. Com uma metodologia construída para simplificar e abordar o que é essencial, podemos nortear a execução na prática. As etapas estão interconectadas e são como sementes que, se plantadas e cultivadas no devido tempo, se transformam em uma marca forte e enraizada.

Sinta-se à vontade para compartilhar sua experiência comigo. Você pode me encontrar facilmente no Instagram (@michellelaysla). Estou sempre por lá e vou amar bater um papo sobre suas dúvidas e seus *insights*.

A Metodologia S.E.E.D.

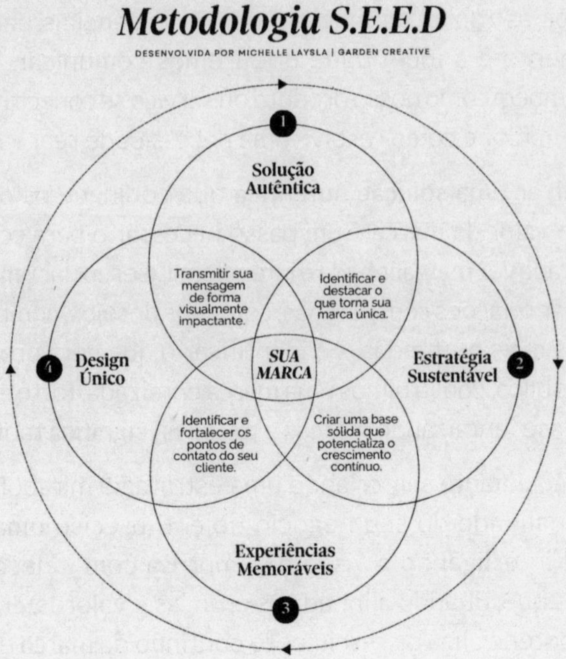

Etapa 1 – Solução Autêntica

A primeira etapa é conhecer os fatores que moldam o posicionamento da marca. Aqui, vamos explorar o que é essencial e como isso se alinha aos objetivos que o negócio deseja atingir.

- Quais os pilares essenciais que definem o propósito da sua marca e o que a diferencia no mercado?
- Quem é o seu público e quais são as expectativas desse púbico em relação à sua marca?
- Quais são os principais produtos ou serviços oferecidos e como se alinham à sua visão?
- Quais são os valores e os objetivos de longo prazo que você deseja alcançar com sua marca?

Etapa 2 – Estratégia Sustentável

Para ser sustentável, precisa ser possível colocar em prática. Por isso, é muito importante ser realista e verdadeiro ao responder estas perguntas.

- Como você deseja que sua marca seja lembrada e percebida por seus clientes?

- Quais são os canais de comunicação mais eficazes para alcançar seu público?
- Qual tom de voz pode refletir melhor a personalidade da sua marca e se conectar com seu público?
- Como você pode garantir uma comunicação visual e verbal consistentes em todos os canais da sua marca?

Etapa 3 – Experiências Memoráveis

Etapa em que intencionalmente geramos conexão emocional. É importante mapear o que, onde e como você pode implementar e/ou otimizar.

- De que forma o seu cliente se relaciona com sua marca em cada etapa da jornada (on-line e off-line)?
- Quais emoções você deseja que seu cliente sinta ao entrar em contato com sua marca? (Nostalgia, empoderamento, confiança.)
- Existem pontos de contato que poderiam ser aprimorados para gerar uma experiência mais significativa?
- Como você pode gerar uma conexão emocional duradoura entre sua marca e seu cliente?

Etapa 4 – *Design Único*

A última etapa, mas não menos importante. Após a mensagem definida, é hora de transmiti-la de forma visualmente impactante. O design é o responsável por gerar percepção de valor ao seu produto ou serviço.

- Quais cores e elementos visuais melhor representam a essência e a mensagem da sua marca?
- Como sua tipografia e seu *design* podem reforçar sua mensagem e seus valores?
- Quais imagens ou estilos fotográficos ajudam a contar a história da sua marca?
- Como o *design* pode garantir que sua marca se destaque de forma clara e memorável no mercado?

Essas perguntas servem como um guia para fortalecer e enraizar a marca, alinhada com as etapas da metodologia S.E.E.D. Se você deseja aplicar essa metodologia no seu negócio, entre em contato. Vamos fazer isso juntos! (marcaenraizada.com.br)

Marcas existem para conectar pessoas

O cenário do aumento de empresas e o excesso de informação nos canais digitais são como uma selva densa onde o *branding* traz clareza e solução. Uma marca que envolve efetivamente a necessidade dos consumidores e mantém uma comunicação consistente em todos os canais se destaca.

Cada vez mais os consumidores compram de marcas que inspiram a percepção de que se importam com eles. Um estudo de 2019 mostra que 78% dos consumidores são fiéis às marcas que os entendem e sabem o que eles querem alcançar durante as interações (ACQUIA, 2019, p. 7). Tudo está relacionado com as pessoas.

Fortalecer a identidade de uma marca vai além do que é tangível e se tornou uma necessidade cada vez mais real e imediata. O mercado passa por mudanças contínuas e o comportamento dos consumidores também. Gerar valor através de transformação, impacto e realização das pessoas é o papel essencial do *branding*.

A conexão emocional é gerada quando essas pessoas se conectam com os ideais enraizados de uma marca, gerando um potencial relacionamento a cada nova experiência de compra. Esses consumidores passam a se tornar "fãs" e propulsores da sua marca, compartilhando as novidades e acompanhando cada nova ação ao longo dos anos.

A essência do *branding* são as pessoas. Sem elas em foco, a marca ou o produto se torna "só mais um". Ir além do visual é definir uma solução autêntica como proposta de valor. É construir uma estratégia sustentável de médio e longo prazo alinhada aos objetivos do negócio. É oferecer experiências memoráveis que se conectam às necessidades e aos desejos dos consumidores em cada etapa de compra e ter consistência na mensagem através de um *design* único visualmente impactante.

Em um mercado que não para de se expandir, são a autenticidade e a conexão emocional que fazem uma marca crescer e prosperar. Fidelizar um cliente não está no ato de vender, mas sim no de ouvir. Fortalecer esse vínculo potencializa o crescimento duradouro de uma marca.

Colocar em prática a essência do *branding* é o diferencial de que precisamos para construir uma identidade de marca significativa e que gere impacto. Quanto mais profundas são as raízes, mais duradoura será a marca.

Referências bibliográficas

AAKER, D. *On Branding*: 20 princípios que decidem o sucesso das marcas. Porto Alegre: Bookman, 2015.

DESIGN Resilient Digital Customer Experiences in Disruptive Times: Customer Experience Trends Report, Global Edition. Boston: Acquia, 2019. *E-book*. Disponível em: https://www.acquia.com/node/20096/download. Acesso em: 8 out. 2024.

"

Michelle Laysla

A essência do *branding* são as pessoas.

Monike Furtado

Sou Monike Furtado, mentora de negócios de alto valor. Sou em nascida em Timbó/SC, filha do meio de uma família grande. Foi lá que aprendi sobre Deus, arte, cultura, natureza e autoconhecimento.

Viajei e morei em muitos lugares do mundo. Hoje, minha alma exploradora reside em Jaú/SP, com a minha família: meu marido Marcelo Tesser e nossas filhas Isis e Luna.

Além de mentora, sou jornalista, estrategista digital, *copywriter* e produtora de muitos projetos e empresas. Sou criadora dos *templates* de *design* dos Incríveis Arquétipos de Marca. Guiei mais de 650 empreendedoras com o método Poder da Essência e dez grupos da Mentoria Nova Era a faturarem mais.

Instagram
monike.furtado

WhatsApp
+55 (47) 999769-3623

Site
testedosarquetipos.monikefurtado.com.br

E-mail
contato@monikefurtado.com.br

MARCA que MARCA

19 O PODER OCULTO DOS ARQUÉTIPOS

Por Monike Furtado

Imagine você em uma cabana, no meio da Cordilheira dos Andes, na Argentina. A chuva cai e libera, suavemente, um frescor aromático que só existe nessa área. Você vê pela janela cavalos correndo soltos e ouve a água do córrego que passa ao lado. No outro dia, pega seu carro e vai ao centro de Mendonza. Entra em uma pequena porta, pichada com dizeres em espanhol e cores vibrantes estampadas. Ali, ouve uma música agitada e começa a conversar com uma moça de uns 20 e tantos anos que está expondo na galeria de arte da cidade.

Se você viajou comigo nesse primeiro parágrafo, entendeu como é transportar-se de sensação em sensação, através do poder dos incríveis arquétipos de marca. A sinestesia que cada arquétipo ativa, em cada ser, individualmente, não é capricho de uma marca, mas a maneira como cada empresa terá de levar com essência aquilo que mais importa ao cliente: seu legado.

Liberdade? Criatividade? Elegância? Diversão? Que emoção sua marca passa – não só pelas redes sociais, mas em uma experiência completa? Afinal, sem emoções não há desejo real. Uma marca sem alma é uma marca sem o uso dos arquétipos.

Veja este exemplo. Durante um atendimento, uma cliente minha relatou que tinha muita dificuldade em vender. Analisei sua marca: a forma como se portava, suas redes sociais, seu produto, seu atendimento. Não foi surpresa que não havia ali uma emoção a ser lembrada, evocada, repetida.

Como alguém poderá pagar mais caro por algo se não vê seu valor? Se eu não ativo ali um mecanismo de diferenciação que faz sentido para aquela pessoa em específico – o seu cliente ideal –, não haverá valor, seja um preço alto ou baixo.

O engano está em achar que só deve usar o *branding* com arquétipos quem vai alçar posicionamento de alto valor, quando, na verdade, cada arquétipo passa um complexo conceito de sensações. É como se seu cérebro usasse esses conceitos ancestrais para "encurtar" caminho, já que lá em sua psique esses símbolos existem como um DNA.

Seu cliente não precisa saber qual arquétipo sua marca está usando, mas precisa ser levado a pensar: "Esta marca mexe comigo. Tem algo ali que eu preciso e quero".

Lembra que pedi para se imaginar comigo na cabana? Era um pedido para resgatar sua própria experiência do arquétipo do explorador. Marcas como Jeep e Starbucks se utilizam desse arquétipo, apenas para usar referências mais emblemáticas. Eu mesma tenho esse arquétipo muito vibrante em mim por minha própria história, pois valorizo liberdade, autenticidade e autoconhecimento.

O público que se conecta com esse arquétipo não procura, necessariamente, sair pelo mundo em busca de aventuras (ainda que o mais puro desse arquétipo de fato seja isso). Mas poderá apenas querer comprar a ideia de ter um pouco mais de liberdade, por mais que tenha um estilo de vida urbano e corrido. Essa é a ponta do *iceberg* do poder dos arquétipos: conectar uma necessidade suprimida do ser humano ao desejo de ter ou viver algo.

Agora, lembra quando pedi para você ir até o centro de Mendonza e conversar com uma artista? Pedi ali para se conectar com o conceito do arquétipo do criador. Pulsa originalidade e inovação. Mesmo que você não seja o gênio inventivo ou o músico supremo, o criador está em você quando cria algo diferente ou pensa fora da caixa.

Os arquétipos universais, originalmente cunhados por Carl Jung e categorizados por Margaret Mark e Carol S. Pearson, do livro *O herói e o fora-da-lei*, existem em você. Mas cada um deles se manifesta e se ativa de forma distinta.

Quando minhas clientes fazem o teste dos arquétipos que desenvolvi, temos ali uma fragmentação da sua essência, dissipada nos doze arquétipos universais que usamos na aplicação em marcas. Cada um fica com uma pontuação que varia de acordo com o momento de vida. Sempre olho inicialmente para os predominantes, pois são nesses arquétipos que está a força de uma comunicação mais limpa.

Com frequência, no entanto, acontece o empate, refletindo a confusão interna sobre a própria identidade da marca. Por isso, falamos que usar os arquétipos é também um processo de autoconhecimento. Afinal, não há como você passar uma mensagem clara se você mesma não a decifrou ainda.

Bianca (nome fictício), uma cliente minha que é consultora de estilo fez o teste e predominou o arquétipo do criador – o nicho dela requer criatividade, então a presença desses símbolos se faz mais óbvia. Em sua comunicação, via-se um *design* bonito, mas que pouco retratava algo original. Ela, orientada por todo um "mercado de *branding* do que vende", engessou-se em paradigmas padronizados.

Aposto que você já viu alguém que passou por isso. Na ânsia de "fazer dar certo ou de engajar", começa a usar formatos, cores, fontes que nada tinham a ver com você. Logo depois, sentiu-se uma fraude, com síndrome da impostora, sentiu que seu valor não estava compatível com sua entrega.

Se você se identificou com isso, não é mera coincidência. Você mesmo se coloca em uma caixa com uma embalagem chique, mas se o que há por dentro não sustenta a ideia, seu cliente não perceberá valor. E, peço atenção: não subestime seu cliente! Assim como você percebe quando uma pessoa está usando uma comunicação que não faz jus à sua essência, seu cliente perceberá quando você está apenas fazendo um "Frankenstein" para sua marca.

Mas, como sair desse gesso chato e sem graça? É um processo de desconstrução. Observe a trajetória de Christian Dior. Ele trabalhou por dezenas de anos para outros estilistas, conquistando renome e prêmios. Apenas lá pelos 45 anos, teve oportunidade e confiança para se jogar ao mercado com sua própria linha de *design* de alta-costura.

Se até mesmo Dior levou tempo para encontrar sua forma de contribuição ao mundo, será que não podemos ser mais empáticos com nosso próprio processo? Não quero dizer aqui para você não acelerar o caminho. Quero dizer que você não deve querer ser Chanel se você é Dior.

Ambas as marcas, por exemplo, estão no mesmo nicho e viveram na mesma época. As duas, até hoje, têm sua fatia do mercado porque entenderam o que seus clientes mais precisam. Dior trouxe à alta-costura um contraponto do olhar sobre a mulher feminina que Chanel havia reformulado e recuperou o centro do que o arquétipo do amante mais precisava naquele momento: uma reconexão com a feminilidade.

Voltando ao exemplo da Bianca, será que ela não deveria ter olhado para sua própria história e visto ali o que mais tinha a contribuir? Foi o que a guiei a fazer. Ela olhou para suas conquistas e derrotas, dali entendemos o seguinte: ela tinha sim o arquétipo da criadora com força, mas sua trajetória pouco tinha relação com a extrema inovação que esse arquétipo exibe. Em suma, sua história nos fala muito mais de superação e relação com dinheiro, pois ela trabalhou no mercado bancário por anos, conquistando várias promoções na carreira.

Vi ali algo que chamo de "o poder oculto". Seu ouro não estava em usar tendências ou dar dicas banais de *looks*. Sua grande contribuição ao mundo estava ali gritando para ser ouvida: "Posso ajudar você a se vestir bem para sua próxima promoção no trabalho".

Se você fosse uma pessoa buscando uma nova conquista profissional e sentisse que seu estilo pessoal estivesse desalinhado da sua meta profissional, qual consultora escolheria? Uma que tem experiência com esse tópico ou uma que dá dicas comuns de como usar a nova tendência da cor do ano? São motivações distintas.

Qual é a motivação do seu cliente?

No caso da Bianca, foi por isso que usamos em sua comunicação a simbologia referente ao arquétipo da heroína, para evidenciar esses altos e baixos, criando conexão, vulnerabilidade e a diferenciando das demais. Sem repetir padrões dos concorrentes, mas usando seu maior ativo: o resultado que o cliente ideal deseja, a jornada em busca de reconhecimento financeiro.

É óbvio que, para esse resultado ser atingido, seu produto precisa ter a percepção de valor com entrega igualmente justificadas. Até porque, quando seu cliente toma uma decisão, ele recorre a dois lados do cérebro: o emocional e o racional. Se, com sua comunicação, você o fez sentir algo de que ele necessita, cabe à sua oferta a parte de ajudá-lo a fazer um balanço financeiro em que a única opção precisa ser: "Isto vale a pena".

Vou contar rapidamente outra história sobre outro cliente que estava escondendo seu "poder oculto". Vamos chamá-lo de Fernando. Ele é um homem com humor acentuado. Ele estava dentro de uma caixinha que não o pertencia. Falaram para ele: faça isso e aquilo, use o arquétipo do governante e do mago, assim você venderá mais. Além de não fazê-lo vender mais, o que o mais incomodava era que ele não se sentia confortável nem mesmo para produzir seus conteúdos. Vestia seu terno azul, fumava seu charuto, falava de forma dura quando lá dentro algo gritava: "Eu sou diferente!".

Construímos, então, um formato de *branding* que evidencia os arquétipos que ele estava escondendo: o rebelde, o herói e o criador. Propus que se liberasse um pouco da coisa tão formal e assumisse esse rebelde incessante quebrando padrões, um criador de métodos e um guerreiro que está sempre em busca de melhores resultados, não importa o que aconteça.

Os clientes do Fernando não irão deixar de comprar uma mentoria de 50 mil reais porque ele não está de terno, mas irão deixar de comprar se não entenderem o quão único ele é para garantir os resultados de performance que promete. Ser diferente não é um problema. Honre quem você é. E o que vende mais se não uma marca que inspira?

Agora, você já parou para pensar em qual seu poder oculto?

Quero que você faça o teste dos arquétipos (o *link* está no começo deste capítulo) e olhe para sua linha do tempo, pensando em quem você era, em quem é agora e o que quer ser. Integrando esses três tempos, você estará pronto para embarcar na transformação que você, sua marca e seus clientes precisam.

O seu maior poder é ser você!

MARCA
MARCA
MARCA

“

Monike Furtado

Uma marca que não usa os arquétipos é uma marca sem alma.

Monique Melo

Aprendiz voraz, curiosa e estratégica, sou Monique Melo. Jornalista pela Universidade Federal da Bahia (UFBA), fundei, em 1995, a Texto & Cia Assessoria de Comunicação, agência pioneira na área em Salvador. Orgulho-me de ter sólidos valores humanos e de ser mãe de Felipe.

Especialista em gestão de crises, com mais de 1.100 casos bem-sucedidos, fiz pós-graduação em Psicologia Positiva na PUC-RS e especialização em Negociação e Resolução de Conflitos (Universidade de Harvard/CMI Interser). Adepta da comunicação não violenta, sempre busquei aperfeiçoamento contínuo.

Sou palestrante, mentora, diretora regional e conselheira nacional da ABRACOM. Atendo marcas nacionais e internacionais de diversos segmentos da economia em cinco estados: Bahia, Sergipe, Pernambuco, Alagoas e São Paulo. Considero-me uma promotora do diálogo e do entendimento.

Instagram
comonique

MARCA que MARCA

20 *BRANDING* EM TEMPOS DE CRISE: ESTRATÉGIAS DE RESILIÊNCIA

Por Monique Melo

Minha história com a comunicação corporativa passa pelo gerenciamento de crises. No ano de 1995, em Salvador, ainda recém-formada e jovem, mas já tendo passado por emissoras de TV, jornal e assessoria de imprensa de um grande banco, abri a minha agência, a Texto & Cia, para desbravar o então incipiente mercado do cuidado da imagem das empresas. Na época, eu me surpreendia com como os gestores ainda não davam a importância devida ao seu maior patrimônio, sua reputação, e acabavam saindo na mídia, sobretudo, em matérias negativas. Além de ter imensa dificuldade em lidar com os jornalistas e serem despreparados para enfrentar situações inusitadas e aguerridas, criadas pela reconhecida criatividade do baiano em fazer sua voz ser ouvida.

Estimulada pelos desafios e resultados, me especializei, cada vez mais, para melhor atender os clientes que chegavam de diversos segmentos, como aviação, saúde, varejo, indústria e construção, vindos de distintas localidades do país. Esse cenário inicial mudou totalmente. O advento da internet, seguido das redes sociais, deu voz ao público, que passou a produzir conteúdo e interagir diretamente com as marcas, para desespero de muitas. Planejamento estratégico e identidade se fizeram necessários nas mídias sociais, mas, principalmente, a necessidade de dialogar com as pessoas. Como diz com precisão o renomado filósofo francês Dominique Wolton, informar (a mensagem) cedeu lugar para o verbo comunicar (a relação), maior aliada de uma empresa, especialmente nos momentos críticos.

Segundo o Reputation Institute, 80% do valor das marcas vêm de ativos intangíveis como a reputação. No entanto, a economia da reputação consegue hoje tangibilizar mais facilmente essa equação, por meio de métricas e inteligência artificial de cruzamento de dados, baseadas em complexos algoritmos, mostrando o impacto nos lucros, confiabilidade e poder de influência de uma marca. Assim, diante da rapidez da circulação de notícias em tempo real, diversidade de opiniões e contextos, com grande facilidade para a perda do controle e riscos na imagem, a comunicação de crise se tornou essencial para quem quer sobreviver nesse ambiente disruptivo, acelerado e de transição em que vivemos.

Antídoto para a crise

Liderança, estratégia e rapidez são os pilares do gerenciamento de crise. Mesmo que a companhia ainda nem saiba direito o que aconteceu ou como solucionar, se posicionar imediatamente, sinalizando que já está acessível e no comando, é crucial para estancar boatos e desinformação. E mais, mostra agilidade, profissionalismo e respeito para com os envolvidos, que sempre serão o foco maior de qualquer ação. Hoje, os canais oficiais, além da imprensa, são de suma importância para a primeira nota. Muitas vezes, a grande dificuldade enfrentada é a negação por parte dos executivos ou a ideia de que o gerenciamento se inicia apenas quando a notícia se torna pública. Sim, existem crises inesperadas, mas a maioria dá sinais antes de acontecer, muitas vezes mal-interpretados ou nem percebidos pelos dirigentes.

O ideal, portanto, é mesmo a prevenção: mapeando riscos, preparando equipes multidisciplinares e porta-vozes ou formando comitês, a depender do porte da empresa, para evitar que a crise chegue ou já ter os possíveis posicionamentos internos e externos prontos e não perder tempo. Assim, o custo é menor, mitigam-se danos na imagem e a chance de finalizar mais rápido é maior. Fora isso, a prática também mostra que empresas que seguem processos de *compliance* e governança se encontram mais bem preparadas para esses desafios.

Numa sociedade hiperconectada, em que as pesquisas revelam que as instituições mais confiáveis para resolver as grandes questões da humanidade são as empresas, o silêncio não é admissível e pode ser fatal. Não cabe mais pensar apenas nos acionistas e no resultado. Os consumidores estão cada vez mais exigentes, vigilantes e buscando sentido para admirar uma marca ou mesmo trabalhar para ela. Quando a ameaça é iminente à atividade central da corporação, uma ação certeira tem que ser tomada com urgência, para não apenas solucionar o problema, compensar os estragos ou as vítimas da melhor maneira possível, mas adotar novas medidas para que a situação não volte a se repetir.

As mensagens enviadas para os públicos-alvo precisam ser genuínas, objetivas e empáticas; baseadas em fatos. Não podem deixar dúvidas ou se tornar munição contra a empresa num futuro próximo.

Os ruídos devem ser evitados para não piorar o caos já instalado, que precisa ser monitorado.

Cada palavra tem que ser pensada, respeitando as especificidades dos receptores e dos canais. O passado também precisa ser vasculhado, tanto para provar dados como para responder a eventuais questionamentos, sem surpresas desagradáveis. O aprendizado é, sem dúvida, um dos grandes benefícios das crises, pois escancara as fragilidades e os pontos de atenção, trazendo avanços – além de tornar a marca mais forte, humilde e resiliente.

Um erro crasso é começar a investir em uma assessoria de comunicação depois que as crises eclodem, no pior momento. Comunicar é um processo que cria laços, credibilidade e afeto; só gostamos daquilo que conhecemos e admiramos. Cuidar da imagem é tornar a empresa referência no seu setor: fazê-la ser bem-vista, benquista e ter resultados com propósito. A bússola dessa jornada é o planejamento estratégico que direciona a conquista das percepções desejadas e dos objetivos traçados. Por isso, mais do que nunca, é preciso ter lastro reputacional para enfrentar tempestades.

Empresa é feita de gente e enfrenta problemas diariamente. Onde há ser humano, o erro é inevitável, melhor estar preparado. Daí a necessidade de as lideranças, que ganham destaque e são as mais visadas nos momentos difíceis, participarem de *media training* e estarem aptas a falar com a imprensa, a opinião pública e todos que fazem parte do seu ecossistema: investidores, colaboradores, fornecedores, parceiros e clientes. Nenhum grupo pode ser desprezado.

Regras de ouro

1. Não mentir.
2. A vida é o que importa.
3. Assumir responsabilidades.
4. Agir rápido.
5. Receber e tratar bem a imprensa.
6. Responder apenas pela empresa.
7. Nada de ironia ou sarcasmo.
8. Informar o necessário e o que se tem certeza.
9. Prometer o que pode cumprir.

10. Não se vitimizar nem culpar terceiros.
11. Dizer o que pode ser publicado.
12. Não reforçar pontos negativos.
13. Focar na solução.
14. Controlar as emoções.

Nessa era de cancelamentos, os executivos que representam as instituições precisam separar o que é público do privado e pensar muito antes de emitir opiniões para evitar polêmicas, não ofender grupos minoritários e não emitir falas preconceituosas que possam atingir negativamente o seu negócio. Uma vez na rede, o que foi dito/publicado fica eternizado e as consequências chegam. Dentro desse universo virtual, independentemente de onde tenha começado, a duração da crise se estende e amplia. Muitas vezes, ela vai sendo modificada e sendo agravada por comentários, como acontece, por exemplo, nas queixas de assédio moral, com desfechos imprevisíveis e correndo em paralelo com a Justiça.

As companhias são constantemente cobradas por credibilidade e coerência e são postas em xeque quando qualquer pessoa pode gravar, filmar ou fotografar uma cena com um simples aparelho celular e deflagrar uma situação crítica. Por isso, a necessidade de ter claro um padrão de conduta nas redes sociais para os colaboradores e estratégias consistentes para os pontos de contato de uma marca com seus clientes. É essencial ouvir, dar atenção e responder aos contatos com assertividade, muitas vezes de forma personalizada e no privado, tomando as medidas necessárias para evitar consequências desastrosas. O pedido de desculpas deve sempre ser avaliado. A vantagem dessa interação direta é a possibilidade de conhecer seu público, receber sugestões e, consequentemente, acertar na forma de atendê-lo e encantá-lo, gerando mais conexão. Afora ser um efetivo termômetro da sua imagem e da aceitação de seus produtos ou serviços.

Na minha experiência profissional, instituí seis passos para a gestão de uma crise que se mostraram extremamente eficazes e funcionam, inclusive, na vida pessoal. São eles:

1) manter a calma;

2) aceitar o problema;

3) analisar o contexto;

4) criar uma estratégia;

5) agir;

6) e comunicar (recorrendo à narrativa estabelecida).

Prefiro trabalhar ao lado dos advogados. Acredito que o olhar jurídico enriquece e protege o cliente, deixando claro que a narrativa e o tempo das duas áreas são completamente distintos e precisam ser obedecidos para não atrasar medidas urgentes. O cronograma da Justiça é outro. Enquanto o papel do advogado é atenuar o impacto jurídico, o gestor de crise preserva a marca, os empregos e a própria existência da organização. Cabe a ele também mediar e gerenciar conflitos, negociando interesses e posturas, visando ao entendimento.

Construir uma reputação leva anos e, com a instantaneidade das mensagens, destruí-la leva apenas alguns segundos. Por isso, defendo que nos conselhos e ao lado de um executivo, autoridade ou gestor público deva ter sempre um desses profissionais para apoiar nas tomadas de decisões. Acertar forma, canal, momento e mensagem para cada público, muitas vezes, é a diferença entre o sucesso e o fracasso.

É natural o receio, mas é possível, sim, sair de uma crise com o mínimo de danos quando as boas práticas de comunicação são adotadas com firmeza e agilidade no mundo corporativo. Quando a crise termina, os pontos que ficaram vulneráveis devem ser fortalecidos na percepção do público, alinhando estratégias, ações e investimentos com a área de comunicação e relações públicas. É nas situações graves que os valores e o propósito de uma empresa são testados e também que surge uma grande oportunidade de ser admirada pela conduta transparente, humana, ética e eficaz adotada. Para tanto, é recomendável desenvolver uma cultura organizacional sólida, que siga a agenda ESG (meio ambiente, responsabilidade social e governança), para ajudar a construir uma sociedade mais justa, inclusiva e sustentável, onde reine a paz.

Referências bibliográficas

REPUTAÇÃO responde por 84% do valor de uma empresa. *Revista da reputação.* Disponível em: https://makemake.com.br/posts-revista/84-reputacao/. Acesso em: 5 nov. 2024.

WOLTON, D. *Informar não é comunicar*. Porto Alegre: Editora Sulina, 2010.

“

Monique Melo

Numa sociedade hiperconectada, passar por uma crise é só uma questão de tempo. Prepare-se, a comunicação estratégica é sua maior aliada!

Olívia Costa Mendes

Sou Olívia Costa Mendes, estrategista de marca e CEO da agência Nós 3 House, que abrange a Nós 3 Medic, a Nós 3 Comunicação e a Nós 3 Fest, cada uma especializada em um segmento específico da comunicação. Minha atuação é focada em *branding* para marcas pessoais e em integração entre *branding* e marketing digital. Como membro influente da Comunidade Acadêmica Avançada de Branding (CAB), expandi minha atuação internacional, atendendo clientes na Europa e na Austrália. Com formação em Administração, Gestão de Marketing e Publicidade, construí uma carreira que já dura dezessete anos. Recentemente, lancei em coautoria o livro *Olá, corajosa!*, com cartas para empreendedoras, e conduzo a mentoria Transformando Pessoas em Marcas de Sucesso, na qual ensino pessoas a se destacarem com autenticidade no mercado digital. Em 2023, recebi o prêmio Mulheres Inspiradoras, celebrando minha trajetória e outros prêmios conquistados pela agência ao longo da minha carreira.

Instagram
oliviacmendes | nos3comunica

WhatsApp
+55 (32) 99148-0048

LinkedIn
Olivia Costa Mendes

E-mail
oliviacmendes@gmail.com

MARCA que MARCA

21 TRANSFORMANDO PESSOAS EM MARCAS DE SUCESSO

Por Olívia Costa Mendes

B*randing* é mais do que um nome, um logotipo ou uma identidade visual; é a essência de uma marca, a história que ela conta e a forma como ela é percebida pelo mundo. É o conjunto de sentimentos, emoções e percepções que as pessoas têm sobre quem você é e o que você representa. Uma marca forte é construída a partir de autoconhecimento, essência única, valores, personalidade, propósito, crenças e, acima de tudo, autenticidade.

Antes de qualquer estratégia de marketing, vem o *branding*. **É preciso saber quem somos para saber onde queremos chegar**.

A importância do *branding* reside na sua capacidade de criar conexões genuínas e duradouras. Em um mundo onde produtos e serviços podem ser facilmente replicados, o *branding* é a diferença entre ser apenas mais um e ser lembrado como único. Ele não apenas distingue você ou sua empresa da concorrência, mas também cria uma razão pela qual as pessoas escolhem você. Como diz a metáfora, "Marketing é chamar alguém para sair e *branding* é a razão pela qual a pessoa diz 'sim'".

O processo de transformar pessoas em marcas de sucesso

O processo de *personal branding* é uma jornada que envolve transformar indivíduos em marcas únicas e memoráveis. Assim como as grandes marcas no mercado, pessoas podem desenvolver uma identidade própria que ressoe seus valores, propósito e essência, criando conexões profundas e autênticas com seu público. Vamos explorar como isso é feito em duas etapas fundamentais: entender o que é *personal branding* e os passos práticos para construir uma marca pessoal forte.

O que é *personal branding*?

Personal branding significa construir e gerenciar a percepção que outras pessoas têm sobre você. É a arte de destacar suas habilidades, suas experiências, seus valores e sua história de maneira a se diferenciar dos demais e criar uma conexão emocional com o público. Não se trata apenas de autopromoção, mas de expressar quem você realmente é de forma autêntica, coerente e estratégica.

Quando constrói uma marca pessoal forte, você se torna mais do que um indivíduo. Você se torna uma história que as pessoas querem ouvir, seguir e recomendar. Como uma marca, sua identidade pessoal deve refletir suas crenças, valores e propósito. Esses elementos são o que tornam sua mensagem autêntica e atraente.

Passos práticos para uma marca de sucesso

Como já vimos, construir uma marca pessoal sólida é um processo que envolve autoconhecimento, planejamento e execução. Aqui estão algumas estratégias práticas que irão ajudar a transformar sua identidade em uma marca forte e impactante.

1. *Autoconhecimento e definição de propósito*: o primeiro passo para construir uma marca pessoal é conhecer profundamente quem você é. Isso envolve identificar suas forças, fraquezas, paixões, habilidades e, principalmente, seu propósito – a razão pela qual você faz o que faz. Pergunte a si mesmo: "O que eu quero que as pessoas saibam sobre mim?" e "Como eu quero ser lembrado?".

2. *Identificação de audiência*: compreenda em que área você deseja se posicionar e quem é o seu público-alvo. Identificar um nicho específico é crucial para criar uma mensagem clara e focada. Quanto mais específico for o seu público, mais fácil será falar diretamente com as pessoas certas e atender às suas necessidades e dores.

3. *Definição de diferenciais*: para ser uma marca memorável, é fundamental destacar o que o diferencia dos outros. Pergunte a si mesmo: "O que eu ofereço que ninguém mais oferece?". Pode ser uma habilidade única, uma perspectiva diferente ou até mesmo uma abordagem exclusiva para resolver problemas.

4. *Comunicação de valores e história*: uma marca pessoal forte é construída em torno de uma história autêntica e valores sólidos. Compartilhe

suas experiências, conquistas, desafios e os aprendizados que moldaram quem você é. Histórias pessoais são poderosas porque criam uma conexão emocional com o público e permitem que as pessoas se identifiquem com você.

5. *Criação de uma identidade visual e voz de marca consistente*: desenvolva uma identidade visual que seja coerente com sua personalidade e seus valores. Escolha cores, fontes e elementos gráficos que reflitam sua essência. Além disso, estabeleça uma voz de marca que guie como você se comunica nas redes sociais, em vídeos, artigos ou qualquer outro meio de comunicação.

6. *Presença digital estratégica*: no mundo digital, sua presença on-line é fundamental para a construção da sua marca pessoal. Invista tempo em criar perfis consistentes e profissionais. Publicar conteúdo de valor regularmente ajuda a construir autoridade e atrair seguidores fiéis.

7. *Networking e parcerias*: conecte-se com pessoas que compartilhem seus interesses e valores. Estabelecer parcerias estratégicas e colaborar com outros profissionais pode ampliar sua visibilidade e fortalecer sua posição como uma marca respeitada em seu nicho.

8. *Autenticidade e consistência*: ser autêntico é uma das regras mais importantes do personal branding. Não tente ser alguém que você não é ou se alinhar a valores em que não acredita. Mantenha mensagem e comportamento consistentes em todas as interações, tanto on-line quanto off-line.

Tudo bem até aqui? Então vamos para mais um passo estratégico e importante!

O *primal branding* ou *branding* primitivo

Primal branding é uma metodologia que foi desenvolvida por Patrick Hanlon e consiste em uma estrutura que identifica os elementos fundamentais de uma marca bem-sucedida. Possui sete pilares para que você crie comunidades com sua marca, isto é, um jeito de conquistar seus clientes de maneira contínua.

Você sabe qual é o verdadeiro diferencial de um negócio de sucesso? Seus clientes. **Construir talvez uma comunidade de pessoas em torno da**

sua marca é a chave para se destacar no mercado, e é aí que entra o *primal branding*. Hanlon sugere que todas as marcas icônicas possuem certos elementos "primitivos" que ativam conexões profundas e emocionais com seu público. Esses elementos geram uma verdadeira comunidade em torno da marca, transformando consumidores em seguidores leais.

Os sete pilares do *primal branding* são narrativas, crenças, ícones, rituais, palavras sagradas, descrenças e liderança e tribo. Esses são os elementos essenciais de uma propaganda de sucesso. Mas, calma, porque ainda há muito mais para descobrir sobre eles.

Por que esses pontos atraem as pessoas? Todos somos o que precisamos, como seres humanos, para compreender uma marca, tanto em um nível racional como irracional. Descubra agora como cada um funciona!

Sete pilares essenciais

1. *Narrativa*: as marcas fortes têm uma história única de origem que explica o porquê de sua existência.

2. *Crenças*: são os valores que a marca defende. Essas crenças moldam a personalidade e a visão da marca.

3. *Ícones*: elementos visuais e auditivos que representam a marca (como a logo, sons etc.).

4. *Ritual*: ações repetidas e características que o público identifica e associa à marca.

5. *Palavras sagradas*: o vocabulário específico da marca, palavras e frases que ressoam em seus seguidores.

6. *Descrenças*: aquilo contra o que a marca se posiciona ou os desafios que ela enfrenta.

7. *Liderança e tribo*: um grupo de pessoas que compartilha os valores da marca, contribuindo para uma comunidade fiel.

Esses elementos ajudam a criar um senso de identidade e pertencimento para o público, ampliando a conexão e o engajamento. Incorporar esses princípios na construção de marca pessoal pode se tornar uma ferramenta poderosa.

Seja uma marca de sucesso

O *personal branding* é uma jornada contínua de autoconhecimento, diferenciação e comunicação estratégica. É a base que transforma pessoas em marcas de sucesso, ajudando-as a se destacarem em seus campos e a criarem um impacto significativo em suas vidas e na vida das pessoas ao redor.

No mundo atual, onde a presença digital é essencial, investir no marketing digital é fundamental para potencializar seu *personal branding*. O marketing digital permite que você alcance uma audiência global, esteja onde seu público está e crie conexões mais rápidas e eficazes. Além disso, oferece ferramentas e estratégias para divulgar sua marca pessoal de maneira consistente e assertiva. Dessa forma, você fortalece sua autoridade, amplia seu alcance e constrói relacionamentos autênticos com seu público. É uma forma poderosa de mostrar quem você é, o que você defende e o que torna você único, tudo isso enquanto mantém uma comunicação direta e próxima com aqueles que se identificam com sua mensagem.

Junto a isso, o marketing digital é uma excelente forma de medir o impacto de suas ações, permitindo ajustar suas estratégias com base nos resultados obtidos e no *feedback* do público. Assim, apostar no marketing digital para o seu *personal branding* não é apenas uma estratégia inteligente, mas também uma necessidade para se destacar em um mercado cada vez mais competitivo e conectado.

Lembre-se de que seu *branding* pessoal é a história que você conta ao mundo, e seu posicionamento é como o mundo responde a essa história. Transformar pessoas em marcas de sucesso é conectar sua essência ao mundo, criando uma narrativa que inspire e conquiste o público. Quando comunica sua essência única de forma clara e autêntica, você deixa de ser mais um profissional no mercado; você se torna uma referência, uma marca que marca.

Olívia Costa Mendes

Antes de qualquer estratégia de marketing, vem o *branding*. É preciso saber quem somos para saber onde queremos chegar.

Regina Monge

Sou pós-graduada em Neuromarketing e Neuroestratégia pelo Instituto Superior de Gestão (ISG) de Lisboa, com MBA em Marketing pela ESPM e extensão em Cinema e Televisão: História e Linguagem, Estética e Teoria do Audiovisual pela PUC-SP. Atuo como estrategista de inteligência de marca e especialista em Neurobranding, fundei o Neurobranding Lab e sou diretora de marketing da ABComm.

Desenvolvo projetos de consultoria de inteligência estratégica de marca e *neurobranding*. Usando a neurociência aplicada aos negócios, auxilio empresas a construírem marcas fortes que criam conexões duradouras com seus consumidores. Sou autora do manual *O que é neurobranding? Entenda como a conexão entre cérebro e marcas pode impulsionar os resultados e valor de uma marca*, além de idealizadora da metodologia Neurobranding Canvas® – A Method to Connect Brands to the Brain.

Instagram
reginamonge_oficial | neurobrandinglab

WhatsApp
+55 (11) 99641-0500

LinkedIn
Regina Monge

E-mail
regina@neurobrandinglab.com.br

Telefone
+55 (11) 2818-3662

22 A CIÊNCIA DO DESEJO E O PODER DO *NEUROBRANDING*

Por Regina Monge

Estamos vivendo um momento de rápida evolução tecnológica, realçado pela crescente adoção da inteligência artificial (IA). Ao mesmo tempo, estamos inseridos na era da **economia da atenção**, em que a atenção dos consumidores se tornou um dos recursos mais disputados por marcas, seja no ambiente físico ou digital. Essa disputa está redefinindo a maneira como as marcas interagem com seu público-alvo. Hoje, é necessário desenvolver estratégias de inteligência de marca cada vez mais **inovadoras**, **interativas** e **envolventes** para capturar, reter e sustentar o interesse, garantindo que a marca permaneça viva na mente das pessoas.

Muitas empresas, de todos os tamanhos, ainda baseiam suas estratégias no *branding* tradicional, focado principalmente no aspecto visual e funcional, e negligenciam o fato de que grande parte das decisões de compra é orientada por processos emocionais e inconscientes. Ignorar essa dimensão significa perder a chance de criar memórias duradouras e conexões emocionais, essenciais para garantir a fidelidade do consumidor. Sem essas conexões, a marca corre o risco de ser rapidamente esquecida ou substituída no competitivo mercado atual.

Com o avanço da neurociência aplicada aos negócios, é imprescindível que as marcas transcendam as estratégias tradicionais de *branding*. Explorar os aspectos emocionais e inconscientes que moldam as decisões de compra não é apenas um diferencial, mas uma necessidade para a sobrevivência no mercado. Estudos revelam que grande parte dessas decisões ocorre inconscientemente. O ***neurobranding*** propõe que a compreensão e a previsão do comportamento do consumidor devem integrar a neurociência com estratégias de *branding* e o uso inteligente de dados.

> Os nossos sentidos captam aproximadamente 11 milhões de bits de informação por segundo, enquanto a parte consciente do cérebro é capaz de processar apenas 40 bits de informação por segundo. Por consequência, todo esse restante de informação é processado inconscientemente. (PRADEEP, 2012)

Diante desse imenso volume de informações que o nosso cérebro processa de forma inconsciente, como destacado pelo Dr. A. K. Pradeep, em seu livro *O cérebro consumista* (2012), a importância da metodologia **Neurobranding Canvas®** se torna evidente. Ao integrar ciência e dados, o *neurobranding* permite que as marcas criem conexões mais profundas e relevantes com seus consumidores, antecipando comportamentos de forma eficaz. Isso não só torna as ações de comunicação de marca mais precisas e assertivas, mas também otimiza o tempo e os recursos financeiros, gerando resultados mais consistentes e duradouros para os negócios.

Essa desconexão entre as marcas e os consumidores impacta diretamente o ***brand equity*** que, resumidamente, representa o valor percebido de uma marca, que os consumidores validam com base em suas experiências, associações e emoções ligadas a essa marca. O *brand equity* é o ativo intangível e único que uma marca deve construir. A ausência de estratégias de *neurobranding* resulta em uma menor retenção de clientes, exigindo maiores esforços de comunicação e marketing – que muitas vezes não são eficazes. Além disso, esse cenário pode aumentar a taxa de ***churn***, indicador da perda de clientes, e consequentemente receitas, e tornar ainda mais difícil para a marca se destacar em um ambiente saturado de estímulos.

Marcas que não conseguem ativar o sistema de recompensa cerebral, liberando dopamina, acabam perdendo relevância e participação de mercado ao longo do tempo. Isso ocorre porque elas falham em criar vínculos emocionais e memórias significativas. Em outras palavras, deixam de estar vivas na mente dos consumidores. É importante compreender que marcas não competem no mercado, mas sim na mente das pessoas.

A metodologia **Neurobranding Canvas®** surge como uma solução poderosa para esse desafio, que combina os pilares **construção de marca, neurociência** e **dados** para criar experiências que ativam o sistema límbico – o centro das nossas emoções –, gerando memórias duradouras e aumentando a probabilidade de fidelização. Para entender essa abordagem, é fundamental compreender que o cérebro humano opera em dois sistemas de processamento: o Sistema 1, rápido e emocional, e o Sistema 2, lento e racional.

O papel do Sistema 1 e Sistema 2 no comportamento de compra

O Sistema 1 é rápido e emocional, enquanto o Sistema 2 é mais lento e racional. Embora o Sistema 1 tenha permanecido "oculto" até algumas décadas atrás, foi revelado com a ajuda da neurociência. O Sistema 2 é o único de que temos consciência, mas, na verdade, ambos trabalham juntos para guiar nossas decisões, sem estarem em oposição. Antes do surgimento do *neuromarketing*, as pesquisas de mercado focavam principalmente a lógica e a racionalidade do Sistema 2. Contudo, o comportamento de compra é, em sua maioria, automático e inconsciente, guiado pelo Sistema 1.

A metodologia Neurobranding Canvas® foca essencialmente no Sistema 1, que é responsável pela maioria das decisões automáticas e inconscientes que tomamos, inclusive aquelas relacionadas à escolha de marcas. Quando as marcas utilizam estímulos corretos – como cores, formas e narrativas emocionantes –, elas criam impressões imediatas e duradouras no cérebro dos consumidores.

A metodologia Neurobranding Canvas® é uma disciplina avançada de **inteligência estratégica de marca**, que tem como objetivo acelerar a construção e o fortalecimento de marcas, além de melhorar a experiência do cliente, eliminando fricções ao longo da jornada de compra. Marcas fortes têm um efeito real no cérebro dos consumidores, influenciando diretamente suas decisões de compra.

Ao incorporar a metodologia Neurobranding Canvas®, as marcas acessam os processos automáticos de decisão no cérebro, onde as escolhas rápidas, emocionais e intuitivas acontecem – como explica Daniel Kahneman em seu famoso conceito de Sistema 1 e Sistema 2, no livro *Rápido e devagar: duas formas de pensar* (2012).

Branding é o conjunto de soluções que uma marca cria para sobreviver e se destacar no mercado, sustentando-se em três pilares: entendimento profundo do público-alvo, posicionamento claro e construção multissensorial de experiências. Branding define quem você é e o valor que sua marca oferece. Já o **marketing**, por sua vez, deve buscar a melhor forma de comunicar essa essência aos consumidores, o que explica por que as campanhas de marketing mudam constantemente, enquanto o *branding* se mantém como o norte da marca.

Quando combinamos o conhecimento da neurociência com o *branding*, podemos entender melhor como o cérebro reage aos estímulos de comunicação de marca. Isso nos permite antecipar e evitar erros em campanhas ou no lançamento de produtos. Os dados neurocientíficos fornecem *insights* valiosos para ajustes estratégicos e decisões proativas, antes que os recursos de mídia sejam comprometidos.

Quanto mais impacto e estímulos multissensoriais forem incorporados na comunicação de uma marca, maiores serão as chances de entregar a mensagem de forma eficaz e criar uma experiência marcante na mente dos consumidores. Isso eleva as chances de a marca ser lembrada, gerar engajamento e construir uma percepção sólida de valor. Para isso, a experiência deve ser cuidadosamente planejada em cada ponto de contato na jornada do cliente e essa estratégia deve contar com o envolvimento de todas as áreas da empresa, especialmente a liderança do CEO.

Conectando emoções ao desejo de consumo

A neurociência revela que o desejo de consumo está profundamente ligado à ativação de áreas cerebrais responsáveis pelo prazer e pela recompensa. Quando ativa esses sistemas, uma marca não apenas influencia a decisão de compra no momento, mas também gera um desejo de repetição, reforçando a fidelização. Campanhas bem-sucedidas frequentemente utilizam emoções como felicidade, nostalgia e pertencimento para ativar esses mecanismos.

No ambiente digital, o *neurobranding* pode ser uma ferramenta eficaz para melhorar a experiência de compra on-line. Usar princípios de *design* intuitivo, *call-to-actions* claros e a escolha estratégica de cores que guiam a atenção do consumidor pode transformar a interação do usuário. Alinhar essas estratégias aos conhecimentos da neurociência é essencial para criar experiências digitais emocionantes e fluidas, capturando e mantendo a atenção do público de forma mais eficaz.

A neurociência na estratégia de lançamento de produtos

A neurociência é uma ferramenta poderosa no lançamento de novos produtos, pois ajuda a prever quais elementos de *design* e comunicação terão maior impacto emocional no consumidor. Um conceito-chave nesse contexto é o ***priming***, que prepara o cérebro para responder inconscientemente a estímulos futuros.

No lançamento de um produto, o *priming* pode ser aplicado para influenciar a percepção de preço e valor em relação aos concorrentes, moldando a experiência do consumidor antes mesmo que ele tenha contato direto com o produto real. Ao destacar atributos como exclusividade ou acessibilidade e realizar comparações sutis com a concorrência, as campanhas podem influenciar de maneira positiva a avaliação do consumidor. Isso contribui para minimizar desperdícios financeiros, especialmente quando se considera que, de acordo com a Harvard Business School, cerca de 80% dos novos produtos falham, muitas vezes, por não atenderem às expectativas dos consumidores e pela falta de uma compreensão profunda do comportamento de compra.

Aplicada ao *branding*, a neurociência vai além da comunicação tradicional, ajudando as marcas a criarem conexões mais profundas e duradouras com seus consumidores. A verdadeira chave está em compreender o comportamento humano: emoções, memórias e os estímulos que levam às decisões de compra. No ritmo acelerado em que vivemos, é a ciência por trás dessas conexões que mantém as marcas vivas na mente das pessoas, gerando não só engajamento, mas também uma lealdade genuína. No fim, construir uma marca memorável é sobre se conectar de forma autêntica com o que realmente importa: o ser humano.

“

Regina Monge

A ciência do desejo une *branding*, neurociência e dados para criar memória de marca, porque a batalha da atenção ocorre na mente das pessoas.

Renata Tomagnini

Sou Renata Tomagnini, mineira de Belo Horizonte, casada com Raphael Tomagnini, meu grande amor, braço direito e apoio incondicional em todos os meus projetos. Há mais de doze anos, atuo em consultoria de imagem, estilo e marca pessoal. Como especialista em Imagem, Estilo, Cores e Marca Pessoal, desenvolvi meu próprio método, criado para guiar a jornada de autodescoberta que a imagem pode proporcionar, ampliando o impacto e o sucesso de pessoas e negócios. Minha trajetória foi marcada pelos desafios que me trouxeram até aqui. Guiada pela paixão inabalável pelo que faço, auxilio pessoas a encontrarem sua identidade visual, a se destacarem e a expressarem sua essência de forma autêntica e assertiva.

Instagram
renatatomagnini

WhatsApp
+55 (31) 99768-0545

LinkedIn
Renata Tomagnini

Site
renatatomagnini.com

MARCA *que* MARCA

23 A PSICOLOGIA DAS CORES NO *BRANDING*

Por Renata Tomagnini

Falar sobre cores para mim, além de ser meu trabalho, é um grande prazer. Acredito que onde há vida há cor, e concordo plenamente com Joseph Addison, que diz: "As cores falam todas as linguagens". A cor é a comunicação visual mais percebida pelas pessoas, especialmente quando se trata de *branding*.

As cores podem influenciar psicologicamente o ser humano de diversas formas: algumas estimulam, outras tranquilizam, pois são captadas pela visão e transmitidas para o cérebro e, consequentemente, refletem impulsos e causam reações para o corpo. Cada contexto em que a cor é aplicada determina a sensação que ela nos proporciona. Lembrando que a cor pode ser encontrada desde em ambientes e roupas, até na exuberância que a natureza nos proporciona.

Tomando como exemplo a cor em um determinado ambiente, com seus variados tons, ela pode transmitir desde energia, estimulando quem se encontra nele, até cansaço e inquietação. Já nas roupas, as cores têm um forte poder de comunicação, transmitindo desde um código de seriedade, leveza e acessibilidade, como também poder, distanciamento e frieza. Nos alimentos, e até nos próprios animais que vivem na natureza, podem transmitir um alerta se uma fruta está madura ou não, ou se um animal é venenoso ou não.

O conceito de cor é importante, mas aqui vamos falar sobre o efeito da cor na criação de uma marca e a importância do papel da cor na comunicação dessa marca.

Ao criar uma marca, levamos em consideração muitos detalhes, como valores, missão e visão, e tudo isso pode ser transmitido através da imagem. Essa imagem é composta por estilo, *layout*, *design* e cores. Falar de cor sem falar das emoções que transmitem é impossível. Mesmo que você não concorde, ao olhar para uma cor, ela nos remete a algo, comunica e nos transporta para um lugar, uma lembrança. Enfim, toca mais nossas emoções do que podemos imaginar.

As marcas são feitas de valores e devem conectar o público de forma que a pessoa se sinta representada.

Vivemos em uma era visualmente saturada, em que as marcas competem pela atenção de um público cada vez mais exigente e distraído. Dentro desse contexto, as cores que uma marca escolhe não são apenas uma questão estética, mas uma estratégia essencial para moldar percepções e gerar conexões emocionais. A psicologia das cores no *branding* tem o poder de influenciar decisões de compra, construir a personalidade de uma marca e criar associações que ficam na mente do cliente.

No entanto, muitos profissionais ainda subestimam o poder das cores em suas estratégias de *branding*, usando paletas que não estão alinhadas com os valores da marca ou com as emoções que desejam evocar. Isso pode resultar em uma marca desconexa, difícil de ser lembrada e que não se diferencia no mercado. Sem uma abordagem estratégica para a escolha das cores, o *branding* perde força e impacto, resultando em uma comunicação ineficaz.

As consequências de não explorar adequadamente a psicologia das cores são evidentes: marcas que falham em se conectar emocionalmente com seu público, produtos que não geram a desejada atração e campanhas que, apesar de visivelmente atrativas, não convertem. Sem uma identidade visual coerente e emocionalmente envolvente, as empresas correm o risco de serem esquecidas ou, pior, mal-interpretadas pelos clientes. Isso se aplica também à marca pessoal. Escolhas de roupas e cores inadequadas podem passar mensagens conflitantes ou desfavoráveis, afetando diretamente a forma como você é percebido. As cores que usamos em nosso vestuário comunicam emoções e intenções, sendo uma ferramenta poderosa na construção de uma marca pessoal sólida, autêntica e coerente. A mesma cor pode ter diferentes significados; isso vai depender de cada contexto.

A psicologia das cores é o estudo de como diferentes tons e combinações cromáticas afetam emoções e comportamentos humanos.

No contexto do branding, cada cor evoca uma resposta emocional única e desempenha um papel crucial na construção da imagem da marca.

- **Vermelho:** cor de ação, energia e urgência. Marcas como Coca-Cola utilizam o vermelho para simbolizar paixão, energia e entusiasmo, criando uma conexão emocional intensa com o consumidor. A cor vermelha aplicada em liquidações e promoções, além da placa de pare, remete a muita atenção e urgência. No ramo alimentício, principalmente em *fast-foods*, ela estimula o apetite. As rosas vermelhas no Dia dos Namorados remetem à paixão.
- **Azul:** associado a confiança, segurança e tranquilidade. Não é à toa que muitas empresas de tecnologia, e também algumas companhias aéreas, como a Azul, optam pela cor azul para transmitir confiabilidade, credibilidade e autoridade. A credibilidade da cor azul também se aplica em roupas; ternos na cor azul marinho são muito utilizados por empresários para transmitir credibilidade e segurança. Lembre-se de que cada cor tem vários tons. Ao se falar da cor azul, credibilidade, competência e sofisticação são transmitidas pelo azul marinho. Já os tons mais claros transmitem calma e leveza e são muito utilizados em clínicas e escolas.
- **Amarelo:** evoca otimismo, calor e positividade. A cor amarela é utilizada por marcas como o McDonald's para criar uma sensação de alegria e dinamismo, especialmente voltada para atrair o público jovem. Associada à inovação e à mente criativa, o amarelo é uma cor que estimula a imaginação e o pensamento inventivo. O amarelo é uma cor chamativa e, muitas vezes, usada para atrair a atenção, como em sinais de alerta e publicidade, devido ao seu alto contraste. Em muitas culturas, o amarelo está ligado à clareza e à expressão. É uma cor que estimula a mente e facilita a comunicação. Empresas que usam o amarelo geralmente buscam transmitir entusiasmo, calor e positividade. Apesar de seus significados positivos, o amarelo em excesso ou em tons muito fortes pode causar ansiedade ou transmitir inquietação, por isso deve ser usado de maneira equilibrada.
- **Verde:** o verde é uma cor rica em significados frequentemente associada à natureza; transmite saúde, frescor, equilíbrio e harmonia. Visto em lojas e estabelecimentos, em tons mais claros, é usado principalmente na área de saúde para relaxar os visitantes.

Comumente relacionada a questões ambientais e produtos de apelo sustentável, simboliza crescimento, sustentabilidade e bem-estar. Representa também crescimento, renovação e frescor. A tonalidade do verde pode alterar a sensação transmitida; quanto mais claro, mais serenidade, por exemplo.

- **Preto:** associado a luxo, sofisticação e exclusividade. Marcas de luxo e alta-costura na moda, como Chanel, usam o preto para evocar uma sensação de elegância atemporal. Mas cuidado, pois também pode remeter a distanciamento. O preto em contextos negativos remete ao luto e à maldade.
- **Branco:** reflete pureza, paz, limpeza, tranquilidade, simplicidade e minimalismo. Utilizado frequentemente por empresas de tecnologia e saúde, como a Apple, o branco comunica clareza e inovação. Em algumas culturas, a cor branca é a cor do luto; por isso, ao escolher as cores que vão representar sua identidade visual, pesquisar a cultura do local onde sua marca vai se estabelecer é fundamental.

Você sabia que a roupa do Papai Noel é vermelha graças à marca de refrigerantes Coca-Cola? Essa é uma história muito interessante que envolve lendas, cultura popular e, principalmente, influências comerciais. Originalmente, a figura de São Nicolau, o santo que inspirou o Papai Noel, era retratada com roupas de bispo, que poderiam variar em cor, mas não eram vermelhas. Foi no século XIX que a imagem moderna do Papai Noel começou a se formar.

No final do século XIX, o cartunista Thomas Nast ajudou a popularizar o visual moderno do Papai Noel em suas ilustrações. Em muitas dessas imagens, o Bom Velhinho era retratado com roupas que variavam entre verde, azul, marrom e vermelho. A popularização da roupa vermelha aconteceu com a Coca-Cola, que, em sua campanha publicitária nos anos 1930, foi a principal responsável pela consolidação da imagem do Papai Noel vestido de vermelho. A empresa contratou o ilustrador Haddon Sundblom para criar uma série de anúncios com o Papai Noel e ele o vestiu com roupas vermelhas, combinando com as cores da marca. Essas imagens tiveram enorme alcance global, reforçando a ideia de que o Papai Noel usa sempre a cor vermelha. Você consegue imaginar o Bom Velhinho usando outra cor de roupa?

Portanto, embora tenha sido retratado com várias cores de roupa ao longo da história, foi a campanha da Coca-Cola que fixou a imagem do Papai Noel vestido de vermelho na cultura popular. Depois dessa história, não há como ter dúvidas sobre o poder das cores em sua marca.

O desenvolvimento da identidade de uma marca envolve não apenas a escolha de cores, mas também a criação de uma paleta coerente que suporte a mensagem central e crie uma percepção consistente em todos os pontos de contato com o consumidor. Essa percepção deve levar em conta, além dos fatores mencionados, a cultura do local e o que cada cor comunica dentro dessa cultura.

Imagine marcas que causam impacto logo no primeiro olhar. Elas não apenas vendem produtos, mas também evocam emoções, criam laços e se tornam parte da vida do consumidor. Ao entender o poder das cores, você pode transformar a percepção do seu negócio e criar uma conexão emocional imediata com seu público-alvo. A cor certa tem o poder de transmitir confiança, despertar desejo e moldar a narrativa de sua marca.

Agora é o momento de dar o próximo passo e fazer com que a psicologia das cores trabalhe a favor de sua marca. Analise a mensagem que deseja transmitir e escolha cores que falem diretamente ao coração de seu público. Afinal, uma cor não é apenas uma cor, mas a essência de sua marca em forma visual.

Se desejar uma análise de sua marca, entre em contato comigo, vamos fazer com que suas cores transmitam corretamente sua essência, sua visão e tudo mais que você deseja comunicar como empresa e como profissional.

“

Renata Tomagnini

Cada cor tem um significado capaz de transformar marcas em memórias.

Roberta Ribeiro

Sou empresária e especialista em marketing de influência, com uma trajetória de dez anos acumulando mais de 12 milhões de reais em faturamento em minhas empresas de beleza, moda, tecnologia e educação. Hoje, tenho mais de mil alunos e transformei profissionais qualificados em grandes influenciadores em seus respectivos nichos, ensinando-os a monetizar sua influência e construir marcas pessoais poderosas. Além disso, fundei uma empresa de tecnologia que conecta marcas a influenciadores, impulsionando negócios através da influência digital. Com profundo conhecimento sobre marketing digital e *branding*, ensino como gerar um ecossistema de negócios lucrativos em torno do seu nome.

MARCA *que* MARCA

24 O PODER DA INFLUÊNCIA DIGITAL NO *BRANDING* PESSOAL

Por Roberta Ribeiro

Do *branding* pessoal à influência: estratégias para fortalecer sua marca no digital

Hoje, mais do que nunca, somos todos marcas. Independentemente de nossa vontade, estamos sempre transmitindo algo sobre quem somos e o que representamos. A questão central é: estamos fazendo isso de forma intencional e estratégica, ou estamos permitindo que os outros nos definam? A boa notícia é que temos o poder de gerenciar e moldar essa percepção, criando algo mais alinhado com nossos objetivos. Quando dedicamos atenção à nossa marca pessoal, abrimos portas para um ecossistema de negócios lucrativos e oportunidades em torno do nosso nome – seja através da venda de produtos físicos, da escrita de livros, da realização de palestras, do lançamento de cursos ou da conquista de contratos publicitários. Essa é a verdadeira força da influência na era digital.

Você já se perguntou por que grandes empresários, como Mark Zuckerberg e Elon Musk, investem em suas marcas pessoais no digital, mesmo com empresas bilionárias? Eles sabem que a influência pessoal vai além do valor de mercado de suas companhias. Para eles, fortalecer a marca pessoal não é apenas sobre números, mas sobre conquistar a admiração dos colaboradores, abrir portas para novas oportunidades e influenciar comunidades. A influência pessoal oferece o que o dinheiro não compra: atenção e relevância. Com a atenção das pessoas, você se torna ouvido, ganha voz e pode liderar uma comunidade.

Da mesma forma que grandes líderes estão investindo em suas marcas pessoais, a descentralização das mídias tradicionais, como TV e rádio, criou oportunidades para todos terem voz. Qualquer pessoa, independentemente de sua formação ou área de atuação, pode se tornar um canal de comunicação. Com essa descentralização, em que currículos e formações importam menos do que a capacidade de se comunicar e reter a atenção, o mais conhecido vence o melhor. Mas a boa notícia é que você pode usar toda a sua experiência e o seu conhecimento para fazer da sua marca pessoal uma marca influente.

A nova era da influência digital: as velhas estratégias de marketing digital que não funcionam mais

Quando falamos sobre a dificuldade de se destacar no ambiente digital, muitos profissionais caem na armadilha do marketing tradicional, criando perfis que parecem mais produtos de uma agência do que expressões autênticas de quem são. Esses perfis "profissionais" costumam ter sempre uma identidade visual bonita, mas são frios e sem vida. A época dos perfis separados para a vida pessoal e profissional acabou. Você é a sua marca, 24 horas por dia, 7 dias por semana.

Quando você tenta empurrar conteúdo técnico sem se mostrar humano, a resposta natural da audiência é se afastar. Isso explica por que o engajamento de perfis profissionais que insistem em seguir esse velho modelo de marketing é tão baixo.

Então, como fazer isso da maneira certa? A resposta está no Branded Content (Conteúdo de Marca), método que criei. Esse método consiste em inserir o seu conteúdo "profissional" dentro de uma narrativa natural, em um contexto real do seu dia a dia. Quando você usa o conceito Branded Content, cria um conteúdo autêntico, que mostra sua personalidade e retém a atenção de forma orgânica. E o mais importante: você gera o desejo pelo seu assunto profissional de forma leve.

Isso é o que as grandes influenciadoras fazem com maestria. Elas inserem produtos e serviços de maneira interessante dentro do estilo de vida que já compartilham com seu público ou dentro dos temas que já abordam em seus perfis. O produto, o serviço ou o assunto se torna parte de quem elas são, parte da história que elas estão contando. A publicidade ou venda interrompe uma conversa; já o conceito Branded Content faz com que o produto ou o serviço participe da conversa. Percebeu a diferença? E é exatamente essa abordagem que gera resultados extraordinários de conversão, porque a audiência se identifica, confia e, acima de tudo, deseja aquilo que elas estão oferecendo.

Então, eu preciso expor minha vida para ter sucesso?

Definitivamente, não. A estratégia está em conectar o seu estilo de vida com o seu nicho. Pequenas narrativas da sua vida pessoal, alinhadas ao seu posicionamento e ao seu conteúdo profissional, ajudam a criar identificação. E, quando as pessoas se identificam com você, elas naturalmente passam a ouvir e consumir o que você tem a oferecer, seja um conteúdo, um produto ou um serviço.

Você pode até ter um currículo impressionante, mas se não souber como reter a atenção no digital, gerar identificação, mostrando seus valores, estilo de vida e desafios, seu perfil será só mais um entre milhões. E o que acontece? Muito esforço para pouca visibilidade, com perfis que não crescem e cujo engajamento é sempre ruim.

Como criar uma marca pessoal influente

Agora vamos à parte prática: como, de fato, construir uma marca pessoal que tenha impacto e gere influência? Autenticidade seria a palavra-chave, mas para ter uma marca pessoal autêntica é preciso ter clareza sobre quem você é e o que você representa. Isso significa conhecer profundamente sua identidade, valores, crenças e personalidade, como as pessoas veem você, e, acima de tudo, usar sua história como o principal elemento de comunicação. Pode haver centenas, milhares ou milhões de pessoas no seu nicho, falando o mesmo que você, que podem até ter as mesmas ideias e opiniões, mas nenhuma delas tem a sua história e é por isso que marcas pessoais são incomparáveis. Cada uma tem sua história e é exatamente esse o superpoder: ser único.

Você é multifacetado e pode mostrar diferentes *skins* (como a internet mesmo fala), ou seja, diferentes versões de si mesmo, mas você precisa definir o que quer comunicar para o mundo. Quais são os seus diferenciais? O que você defende? Qual mensagem quer passar?

Por exemplo, se você é uma pessoa divertida e espontânea, use isso a seu favor na comunicação com seu público. Seja autêntico, não tente moldar sua imagem a algo que você não é, porque as pessoas percebem a falta de autenticidade. É fundamental que sua audiência veja você como alguém real, e uma pessoa real está longe de ser perfeita, usando sempre de blazer, salto alto, com uma dicção precisa e uma postura corporal impecável. Livre-se do perfeccionismo.

Depois de identificar sua essência, é hora de entender quem é sua comunidade. Quem são essas pessoas com quem você quer se comunicar? O que elas valorizam, o que as inspira, quais são seus problemas e sonhos? Ser obcecado por entender a fundo sua comunidade é o segredo para criar conteúdo que esse grupo de pessoas consume. Um erro comum é tentar agradar todo mundo e acabar não se conectando com ninguém. Seja específico. Construa uma linguagem própria que reflita os interesses, as dores e as aspirações dessas pessoas. E, mais importante, crie rituais e interações constantes que cultivem um senso de pertencimento e relacionamento.

Criando uma comunidade engajada

Para criar uma comunidade engajada, você precisa gerar diálogos e interações contínuos. Isso envolve criar um espaço onde sua audiência se sinta ouvida e valorizada. Estimule conversas, faça perguntas, dê voz ao seu público. E lembre-se: uma comunidade forte também se une por valores e inimigos em comum. Quem são as pessoas ou as ideias contra as quais você se posiciona? Essa visão clara de "nós contra eles" é o que diferencia marcas pessoais influentes.

Outra chave é a constância. Não basta aparecer uma vez por semana e esperar que sua marca pessoal ganhe força e se destaque. Afinal, como você cria confiança e constrói relacionamento com quem você vê de vez em quando?

Como alinhar conteúdo ao seu posicionamento

Para se tornar uma marca pessoal influente, o conteúdo que você produz precisa estar alinhado ao seu posicionamento. Tudo o que você compartilha deve reforçar sua identidade e sua marca pessoal. Associar-se a marcas, produtos, eventos ou pessoas influentes é uma ótima forma de aumentar sua autoridade e influência, mas isso não substitui a necessidade de mostrar resultados e conhecimentos próprios. O conteúdo educacional tem seu lugar, mas não deve ser a única abordagem.

Assim como uma empresa de sucesso cria campanhas de marketing que reforçam seus valores e produtos, você, como marca pessoal, deve fazer o mesmo. Todo *post*, *story* ou vídeo deve ser intencional, reforçando aquilo que você representa. E, lembre-se, conteúdo não é só sobre ensinar; é sobre inspirar, gerar reflexão, fazer as pessoas se conectarem com você em um nível mais profundo.

O que uma marca pessoal influente pode conquistar

Talvez você esteja se perguntando: "Mas o que eu ganho ao investir tanto na minha marca pessoal?". A resposta é simples: tudo. Quando você se torna uma referência em sua área, as oportunidades começam a aparecer de maneira natural. Você atrai as pessoas certas, sejam clientes, parceiros, investidores ou seguidores. Você se destaca em um mar de perfis parecidos porque conseguiu construir algo único, autêntico e poderoso. E, com isso, monetiza sua influência de maneiras que talvez nem tenha imaginado no início da jornada.

A nova era do marketing é, sem dúvida, sobre usar o conteúdo para atrair seguidores, clientes e criar conexões. Hoje, o conteúdo não é apenas sobre o que você oferece, mas, sim, sobre quem você é e como você se posiciona no digital. Por meio dele, você constrói não apenas uma audiência, mas uma comunidade. E essa comunidade se torna seu maior ativo, seja para vender uma ideia, um projeto, um serviço ou um produto. Mais do que isso, sua marca pessoal não é apenas uma forma de se promover, mas de promover o seu negócio. É importante entender que, por trás de todo CNPJ de sucesso, existe um CPF influente.

A influência pessoal é, sem dúvida, a mais poderosa ferramenta de alavancagem dessa geração. E que bom que você está descobrindo isso agora!

MARCA
MARCA
MARCA

MARCA
MARCA
MARCA
MARCA
MARCA

“

Roberta Ribeiro

Por trás de todo CNPJ de sucesso, existe um CPF influente.

Rodrigo Villa

Prazer, sou Rodrigo Villa, tenho 38 anos, sou natural de Tatuí/SP e publicitário com espírito criativo. Com 22 anos, comecei minha jornada no empreendedorismo e sou proprietário da RV Brands, onde já desenvolvi mais de cem marcas para empresas de diversos segmentos.

Eu me especializei em *branding*, com foco na criação de marcas profissionais e autênticas. Meu propósito é ajudar empresas a se posicionarem no mercado, estabelecer conexões emocionais com as pessoas e gerar valor aos negócios.

Em 2022, lancei o podcast Villa Talks, com a minha esposa Vanessa Yamamoto, focado em empreendedorismo, para compartilhar histórias inspiradoras de empreendedores e impactar a vida das pessoas.

Instagram
rodrigovilla.rv

WhatsApp
+55 (15) 99764-8676

LinkedIn
Rodrigo Villa

E-mail
contato@rodrigovilla.com.br

MARCA que MARCA

25 CRIANDO MARCAS AUTÊNTICAS E CONFIÁVEIS

Por Rodrigo Villa

A cada dia que passa, o cenário corporativo fica mais competitivo. Está cada vez mais difícil uma empresa sobreviver. As que conseguem chegar no ciclo de crescimento e alcançar a fase da maturidade ainda encontram o desafio de conquistar a preferência dos consumidores e conseguir fidelizá-los.

Vivemos em um tempo em que a confiança entre as pessoas está esfriando e não conseguimos mais identificar em quem podemos confiar e quem realmente é verdadeiro. Esse cenário reflete na vida corporativa, pois empresas são feitas de pessoas e precisam delas para existir.

Devido ao grande aumento do acesso às informações, as pessoas ainda se sentem mais perdidas e em busca de um propósito para suas vidas. Estamos surfando na superficialidade do conhecimento e a inversão de valores vem ganhando muito destaque. Não sabemos, de fato, o que é verdadeiro ou identificar narrativas tendenciosas. As tecnologias de inteligência artificial chegaram para contribuir muito com a humanidade, mas o reflexo disso traz problemas incontroláveis, que ainda vamos precisar descobrir como resolver.

Para conseguir sobreviver e se destacar nesse cenário, as empresas precisam se reinventar e se preocupar com algo essencial, que vai além de produto e serviço: autenticidade e confiança.

Informação *versus* tecnologia

Com o surgimento da internet e agora da inteligência artificial, sinto que estamos vivendo o tempo descrito na Bíblia e profetizado por Daniel, em que o acesso à informação e ao conhecimento se multiplica.

A quantidade de informações a que temos acesso hoje é assustadora e a agilidade com que chegam até nós é instantânea, dificultando a verificação de veracidade. A maioria das pessoas acredita em tudo que ouvem e se baseiam nas opiniões de mídias tradicionais e influenciadores, sem questionar e identificar as informações mal-intencionadas. Esse nunca foi o melhor caminho, pois a verdade sempre está camuflada e enviesada com a visão e o interesse de quem conta a história, tornando a sociedade um emaranhado de desinformações.

Como podemos perceber, apenas uma pequena porcentagem da Humanidade se importa realmente em obter conhecimento, a maioria das pessoas está interessada apenas em informações, que é diferente de conhecimento, pois informações são notícias passageiras e não edificam a nossa sociedade. Como diz o ditado, "o conhecimento nos liberta".

Mas sabemos também que conhecimento não é tudo. O que importa mesmo é o conhecimento colocado em prática. O que vale saber que refrigerante faz mal para a saúde se, mesmo assim, a grande maioria ainda consome?

O que é autenticidade?

Autenticidade é ser verdadeiro. É realmente se preocupar com as pessoas. Nos tempos em que vivemos, a autenticidade acabou se tornando um dos ativos mais valiosos na Humanidade.

Com as marcas, não é diferente. Os consumidores estão buscando se relacionar com empresas e marcas que são transparentes, conscientes e que estão alinhadas com seus valores.

Antigamente, as pessoas se preocupavam apenas com a qualidade do produto ou serviço, mas, hoje, qualidade já não é um diferencial. As marcas precisam ter um propósito maior e realmente fazer diferença na Humanidade.

Costumamos atribuir características humanas às marcas, pois elas possuem identidade, personalidade e comportamentos em sua forma de ser, falar e fazer. Mas como as marcas podem ser autênticas e transmitir confiança nesse teatro social e tecnológico em que vivemos?

Construindo marcas autênticas e confiáveis

Os consumidores estão com o poder de escolha e mais exigentes. As opções de marcas são infinitas e hoje a busca é por empresas com propósito e que vivam na prática os valores anunciados.

Para construir marcas relevantes e que tenham uma forte conexão com o seu público, as empresas precisam ter um foco especial nas pessoas – principalmente as que fazem parte do seu ecossistema, como colaboradores, clientes, fornecedores, investidores – e se preocupar, de fato, em entregar uma experiência memorável.

As empresas que se destacam no mercado sabem da importância de uma marca forte e o impacto que ela causa na sociedade e nos negócios, por isso investem fortemente no *branding*. O processo de construção e gestão da marca gera valor, faz uma empresa se diferenciar em seu mercado de atuação, sem precisar entrar na guerra de preços, e a faz ser a principal escolha dos consumidores.

Propósito de marca

Vivemos um momento de despertar da Humanidade em que se tornou fundamental descobrir o nosso propósito de vida, por que existimos e qual é o nosso papel no mundo. Essa tendência se reflete no universo corporativo, onde as empresas precisam ter a clareza de qual é o propósito da sua existência e de qual o impacto causa no mundo; também precisam se importar de verdade com os fatores sociais, ambientais e culturais.

Descobrir o propósito vai orientar no rumo da empresa e criar uma cultura forte com os colaboradores, estimulando uma conexão emocional que reflita os seus valores para a sociedade e fazendo com que a empresa comunique a sua história a ponto de inspirar as pessoas e se diferenciar no mercado com o seu jeito único de ser.

Identidade de marca

A identidade pode ser representada por um conjunto de atributos e características, como personalidade, valores, comportamentos, crenças e experiências, que definem o que a marca representa. Assim, essa marca passa a ser reconhecida com mais facilidade, tornando-se única e se diferenciando dos concorrentes por criar um sentimento de pertencimento e preferência no meio de tantas opções.

Para conseguir transmitir identidade, existem diversas estratégias que ajudam a comunicar e evidenciar presença, como identidade sensorial, visual, verbal, olfativa, auditiva e tátil.

- *Identidade sensorial*: esse conceito do *branding* é utilizado para estimular todos os nossos sentidos (visão, audição, olfato, tato e paladar) a fim de criar uma conexão forte com o público, fazendo que a marca seja memorável e desejável.

- *Identidade visual*: são elementos visuais que ajudam a fortalecer o posicionamento e a lembrança da marca, para que seja reconhecida e se diferencie. São cores, tipografias, imagens, texturas, ícones e elementos gráficos que fazem parte do seu ecossistema. Exemplo: quando vemos um comercial com a bicicleta laranja e a camiseta do ator laranja, automaticamente reconhecemos que é da empresa Itaú, sem precisar que a marca apareça.
- *Identidade verbal*: é como a marca se comunica, o tom de voz, o vocabulário, títulos, *slogans*, forma de escrita. Toda a comunicação precisa de uma linguagem que transmita essa essência, seguindo um padrão em todos os pontos de contato da marca, como vídeos, redes sociais, site, e-mails etc. Exemplo: os bancos tradicionais sempre foram formais em sua comunicação, daí chegou o Nubank. Focado em um público jovem e com um outro conceito, em que a comunicação é mais informal, descolada e moderna, a *fintech* se aproximou do seu público transmitindo a sensação de que é um banco descomplicado.
- *Identidade auditiva*: uma forma muito utilizada para fortalecer a lembrança da marca com sons, como *jingles*, música ambiente e vinhetas sonoras. Exemplo: quando você assiste a um trailer ou inicia um filme da Netflix, sempre ouve a identidade sonora que faz lembrar a marca, que é o famoso "tu duuum".
- *Identidade olfativa*: uma outra forma de fortalecer a identidade da empresa é pensar em criar uma experiência olfativa nos pontos de contato que o cliente tem com a marca por meio de aromas exclusivos, que causem uma sensação positiva e memorável, a fim de que a marca seja lembrada por e associada a coisas boas. Exemplo: quando você passa próximo a uma loja da MMartan em um shopping, aquela essência clássica de bambu pode ser identificada de longe, causando uma sensação de conforto, limpeza e natureza, comunicando o DNA da empresa e estimulando as emoções, a ponto de as pessoas comprarem os produtos e até mesmo levarem a essência para casa, em que a marca estará sendo sempre lembrada.
- *Identidade tátil*: uma estratégia muito importante e que cria boas sensações ao toque. Embalagens com texturas e elementos na arquitetura da empresa ajudam tanto a marca quanto seus produtos que a se diferenciarem. Exemplo: a Apple utiliza muito essa estratégia em suas embalagens, com design inovador e experiência qualificada ao abrir os produtos.

Posicionamento

O posicionamento é uma estratégia essencial para criar uma conexão com os clientes que os auxilia na escolha de uma determinada marca. É definido pelos problemas que essa marca resolve e pela maneira como é percebida pelo público, destacando seus diferenciais competitivos.

Para se posicionar, as empresas podem começar a colocar em prática os pontos a seguir.

- *Perfil dos públicos*: identificar quem são os compradores da empresa.
- *Proposta de valor*: o que a empresa é, oferece e como faz para ser diferente.
- *Diferenciais*: comunicar os atributos que fazem a empresa ser única.

Cultura empresarial fortalece o time

Para conquistar a confiança dos clientes, um ponto importante a se considerar é a cultura interna da empresa, em que o propósito precisa ser implementado e praticado todos os dias, criando um movimento em que todos os colaboradores sintam orgulho de trabalhar e acordem motivados em vestir a camisa e dar o seu melhor pela empresa, pois sentem que estão fazendo a diferença na vida das pessoas e que pertencem a algo maior.

Treine sua equipe para encantar com experiência

A empresa precisa funcionar igual a uma orquestra, na qual todos os detalhes e processos são minuciosamente organizados e toda a equipe atuado em sintonia. Por isso é fundamental a equipe ser treinada e saber como encantar os clientes.

A marca da empresa é um dos ativos mais importantes e é construída no longo prazo, com um processo contínuo que se faz todos os dias. Não adianta só investir no marketing e o cliente não viver uma experiência na hora de desfrutar o serviço e o produto.

“

Rodrigo Villa

No teatro social da vida, as narrativas comandam o espetáculo, mas somente a verdade tem o poder de impactar a alma com autenticidade.

Taissa Cruz

Sou Taissa Cruz, carioca de coração e paulista por opção e estrategista de *brandmarketing*. Sou publicitária, com MBAs em Marketing pela FAAP e Customer Centric pela ESPM. Passei por grandes marcas, como Allianz Seguros, Vivo e Capricórnio Têxtil, combinando conhecimento acadêmico com *expertise* prática.

Com mais de duas décadas de experiência em marketing e comunicação e adepta do *slowmarketing*, fundei a 4Brands Atelier de Marcas, onde acreditamos que uma marca é uma expressão viva de valores e emoções e transformamos negócios em marcas que tocam a alma das pessoas e inspiram conexões profundas e significativas.

Casada com um *designer* gráfico e meu primeiro amor, sou mãe orgulhosa da Luiza e de mais cinco pets.

Instagram
taissa_cruz4b | 4brandsatelier

WhatsApp
+55 (11) 98500-5369

LinkedIn
Taissacruz1510

Site
4brandsatelierdemarcas.com

MARCA que MARCA

26 ARQUITETOS DE MEMÓRIAS, CASTELOS DE MARCA

Por Taissa Cruz

Caro leitor, prepare-se para uma jornada única pelo universo do *brand experience*. Este capítulo não é apenas para ser lido, mas para ser vivenciado. Convido você a mergulhar em uma experiência multissensorial que complementa e enriquece o conteúdo aqui apresentado.

Acesse nossa página exclusiva pelo *QR Code* para explorar vídeos, imagens e áudios que ilustram nossos cases. Enquanto lê, deixe-se envolver pela *playlist* cuidadosamente selecionada, saboreie a bebida sugerida e permita que o aroma do óleo essencial recomendado estimule seus sentidos. Cada elemento foi pensado para proporcionar a você uma compreensão profunda do poder do *brand experience*. Prepare-se para não apenas ler sobre marcas que marcam, mas para sentir, viver e criar suas próprias experiências memoráveis.

Era uma vez um tempo em que a relação marca/consumidor era muito mais simples. As marcas divulgavam uma peça publicitária, dizendo por que seu produto era bom, e os consumidores escolhiam baseados naquela "historinha". O volume de produtos similares foi aumentando e as marcas precisaram elaborar muito mais sua comunicação e investir em outros canais.

Então, a internet apareceu. Em um estalar de dedos, o mundo mudou e ficamos atolados em uma enxurrada de informações. Hoje, o foco está em construir comunidade através do relacionamento entre marca/consumidor – uma via de mão dupla, em que as marcas contam histórias e o consumidor é protagonista, fazendo resenhas com seus amigos nas redes sociais, blogs e sites.

Essa mudança de contexto nos obriga a não só desenvolver produtos e serviços melhores, como também a ter uma forte visão holística e entender como o consumidor interage em todos os pontos de contato com a marca. É aí que entra o *brand experience*!

Vamos simplificar?

Vamos pensar em *branding* como a junção de duas partes: *brand* e *brand experience*. Essas partes não vivem separadas, uma complementa a outra. Entenda: o ***brand*** é o seu **porquê**, a sua promessa, e o ***brand experience*** é o **como você entrega** essa promessa de marca. Essas duas partes juntas formam um *loop* que deve conduzir as ações da sua empresa.

Você já ouviu que "uma ação vale mais que mil palavras" e é exatamente o que *brand experience* significa. A marca pode falar o que ela quiser, mas se ela não entregar o que está prometendo, todo o discurso cai por terra. Quer ver um exemplo?

Você se lembra do comercial da Friboi com o Roberto Carlos? Em 2014, o rei falou que após trinta anos teria voltado a comer carne e a empresa não perdeu tempo, quis "surfar a onda" e colocou Roberto como garoto propaganda num comercial em que ele nem comia a carne. A repercussão não poderia ter sido pior. A internet veio abaixo com uma chuva de críticas tão grande, que o comercial foi retirado do ar e o contrato de 45 milhões de reais foi cancelado. Ou seja, a ação foi um fiasco.

Brand* é experiencia e experiência é *brand

Se eu pedir para você pensar em marcas que oferecem grandes experiências, você vai pensar em Disney e Apple sem pestanejar. Para mim, a Disney é o exemplo mais completo do mundo com o seu "jeito Disney" de encantar clientes. Você sabe que nas filas dos brinquedos eles marcam a previsão de tempo de espera daquele determinado ponto, até você entrar na atração. O que você não deve saber é que este tempo é sempre maior do que a realidade e eles fazem isso para você ter a sensação de que foi mais rápido do que o previsto. O outro ponto relevante disso é o "alinhamento de expectativas" – quando o consumidor tem clareza dos termos, da conduta, do funcionamento do produto, o que seja, você evita qualquer possível frustração. Ele está ciente de tudo e concordou com os termos. Esse é só um exemplo de como tudo, definitivamente tudo na Disney é pensado para garantir uma experiência extraordinária para todos os clientes.

Agora, vamos pegar um recorte da Apple para ver como eles pensam em todos os detalhes da experiência com seu produto. O time de embalagem sabe que a experiência de *unboxing* é tão importante quanto o produto em si, então eles pesquisaram diversos modelos e materiais de caixas até chegar nesse formato em que ela não abre facilmente. Demora um pouco para você abrir a caixa, e isso gera expectativa, excitação e dopamina. Depois, vem um monte de componentes embalados separadamente, saquinhos, adesivos etc. Isso tudo ainda construiu o movimento cultural de mostrar esse momento nas redes sociais. As pessoas querem se exibir, mostrar seu *status* de "*cool* e bem-sucedido" abrindo suas caixas da maçã para todo mundo ver e ouvir, com todos os efeitos sonoros de ASMR.

Marcas são construídas através de uma rede de emoções, conhecimento e memórias. Juntos, esses elementos formam um senso comum, uma percepção do que aquela marca representa na nossa vida. Quanto maior a rede de conexões entre experiências, emoções e envolvimento, mais significativa e afetiva se torna a experiência pessoal com aquela marca. E esse universo de conexões e percepções é definido por todas as formas de interação e experimentação entre o consumidor e a marca.

Como gestores de marcas, temos que entender profundamente a relação entre emoção e memória. Nossa resposta emocional determina o quanto de atenção damos aos estímulos, qual será nossa resposta e como será armazenada na nossa memória. Já a memória é dividida entre semântica (identidade visual, atributos, benefícios etc.) e experiencial (usabilidade do produto, atendimento, processo de compra etc.).

Um estudo dos pesquisadores Marc Herz e Katja H. Brunk mostrou que essas memórias experenciais são responsáveis por gerar afinidade com a marca. Ou seja, apesar de ser um trabalho muito mais estratégico e elaborado, são essas boas memórias que vão garantir a melhor oportunidade de construir diferenciação e uma relação de afeto com seu consumidor. O pulo do gato é entender quais são as emoções que movem o seu público-alvo e combinar experiências surpreendentes com uma comunicação clara, destacando seus diferenciais.

E como fazer isso? Botando a mão na massa, construindo a jornada do seu cliente e desenhando as experiências para cada ponto de contato. Vamos lá.

A nossa percepção é construída baseada nas ações da marca – *design*, comunicação, experiência, serviços etc. Você deve identificar o(s) ponto(s) de contato de maior impacto e criar uma experiência incrível.

Três passos para desenhar sua experiência de marca

1. Mapear todos os pontos de contato e interações com a marca e identificar aqueles que são mais relevantes para construir uma experiência surpreendente. Não sei se você tem acompanhado o movimento das marcas de moda de luxo, mas, depois da pandemia de covid-19, as pessoas estavam sedentas para voltar ao convívio social e resgatar os velhos costumes de passear e fazer compras presencialmente. Como contraponto, o *boom* do *e-commerce* facilitou muito a nossa vida e sair de casa para ir à loja física passou a ter um apelo diferente. Então, o varejo deixou de ter lojas para oferecer experiências.

A joalheria Tiffany reinaugurou sua icônica loja em Nova Iorque, na Quinta Avenida, no início deste ano, 2024. Pelos dez andares da nova *landmark*, estão expostas quarenta obras de arte, entre elas, peças inéditas de artistas como Damien Hirst, Julian Schnabel, Rashid Johnson e Anna Weyant, encomendadas especialmente pela Tiffany. A *flagship* (loja-modelo) passou a ser chamada de *landmark*, uma loja que vai reunir joias, arquitetura, arte e *design*, tudo com o requinte da Tiffany & Co.

A onda das cafeterias de luxo também chegou para ampliar a experiência de marca para uma nova parcela de consumidores que ainda não pode comprar produtos de mais alto valor, mas consegue ter contato próximo com a marca. São as chamadas "Chic Latte Couture", como a Ralph's Coffee, em NY, o Le Café V *by* Loius Vuitton, em Tóquio, e o Viviane Westwood Café, em Hong Kong. Você vai encontrar a lista completa com fotos e vídeos, clicando no *QR Code* no início deste capítulo.

2. Posicionamento claro. Essa mensagem deve ser a ponte entre a experiência de marca e a emoção ligada a ela. Defina que emoção que você quer gerar, garanta que ela seja positiva e que faça a confecção com a marca, porque você já sabe que uma experiência positiva afeta a memória de marca.

3. Por fim, defina quais alavancas deverão ser acionadas – comunicação, serviços ou *design* – para criar esse impacto. A marca de chocolates finos da Arábia Saudita Fadha é superconhecida pelos seus produtos de alta qualidade, mas ela investe muito mais nas embalagens justamente para criar uma experiência surpreendente para os clientes.

Detalhes: a chave de uma grande experiência de marca

Quando falamos em atrair e reter clientes, pequenos detalhes fazem toda a diferença e geram um grande impacto.

Por exemplo, você sabia que os sentimentos que os sons geram no nosso subconsciente influenciam 86% do nosso desejo consciente de passar por uma experiência novamente? É fundamental que gestores de marcas entendam de neurociência e de comportamento de compra do consumidor para garantir que cada detalhe da experiência de marca seja desenhado para remover qualquer fricção e surpreender o consumidor.

Em um mundo onde cada minuto conta, instintivamente as pessoas optam por tudo que é mais fácil. A gente tem uma memória superpositiva da marca que facilita a nossa vida. E aqui não estou falando do produto ou serviço somente, estou falando do processo de compra em si: *e-commerce* com excelente experiência do usuário, omnicanalidade, políticas de troca fáceis, canais de atendimento eficientes e por aí vai.

Seus clientes são a melhor fonte de *feedback*. Eles prestam atenção nos detalhes que, às vezes, deixamos passar e trazem as frustrações que podemos não ter previsto. Então, esses *feedbacks* permitem que a gente faça ajustes finos e melhore as experiências cada vez mais.

Uma frase marcante de Charles Eames, famoso *designer* norte-americano, diz que "detalhes, não são detalhes. Eles fazem o *design*". Quando se trata de criar experiências que encantam, tudo está nos detalhes.

Referência bibliográfica

HERZ, M.; BRUNK, K. H. Conceptual Advances in Consumers' Semantic and Episodic Brand Memories: A Mixed Methods Exploration, *Psychology & Marketing*, v. 34, n. 1, p. 70-91, jan. 2017. Disponível em: https://onlinelibrary.wiley.com/doi/abs/10.1002/mar.20974. Acesso em: 8 nov. 2024.

“

Taissa Cruz

Keep it simple: *brand* é a sua promessa e *brand experience* é como você entrega o que prometeu. Uma não vive sem a outra.

Tatiana Trevisan

Sou gaúcha, atualmente morando em São Paulo. Psicóloga e especialista em personal *branding* com mais de dezoito anos de experiência como executiva de RH, hoje impulsiono o crescimento profissional de executivos como consultora à frente da Inspiring Minds Consulting. Reconhecida entre os 15 HR Influencers da América Latina e como LinkedIn Top Voice 2024, acumulo muitas horas guiando profissionais na potencialização de suas marcas pessoais. Criei o canal Taty Trevisan Oficial no YouTube, no qual compartilho *insights* para inspirar mudanças e promover crescimento de vida e carreira. Minha jornada prova que é possível se reinventar e alcançar o sucesso através do autoconhecimento e da construção estratégica da marca pessoal.

Instagram
tatytrevisanoficial

YouTube
Taty Trevisan Oficial

LinkedIn
Tatiana Trevisan

E-mail
taty@tatianatrevisan.com

MARCA que MARCA

27 *BRANDING* PESSOAL: SEU NOME, SUA MARCA

Por Tatiana Trevisan

Vivemos em uma era onde a identidade pessoal se tornou tão crucial quanto as habilidades profissionais que possuímos. No mundo corporativo, o *branding* pessoal não é apenas um conceito abstrato, mas uma necessidade estratégica. Em um mercado saturado de talentos, em que as qualificações técnicas muitas vezes se equiparam, o que realmente diferencia um profissional do outro é a sua marca pessoal. Mas o que é ter uma marca pessoal?

O termo "*branding* pessoal" ganhou notoriedade com Tom Peters, que, nos anos 1990, introduziu a ideia de que cada indivíduo deve se ver como uma marca e deve fazer a gestão dela. Jeff Bezos, fundador da Amazon, define bem: **"Marca é o que as pessoas falam sobre você quando você não está na sala"**. A marca pessoal é o motivo pelo qual somos escolhidos, e devemos comunicar isso de forma estratégica e intencional.

No cenário atual, a globalização e a digitalização aumentaram a competição e as exigências. As empresas buscam profissionais que agreguem valor de maneira única. Por isso, ter uma marca pessoal bem-definida é uma âncora que mantém um profissional relevante e interessante no mercado.

Neste capítulo, convido você a explorar a construção da base da sua marca pessoal. Vamos mergulhar nos pilares essenciais de **identidade**, **imagem** e **reputação**, elementos fundamentais que definem como seu nome se torna sinônimo de uma marca poderosa e autêntica. Compartilharei experiências pessoais que ilustram a importância desses elementos, oferecendo *insights* práticos para guiá-lo em sua jornada de autodescoberta e transformação, assegurando que sua marca pessoal seja uma extensão autêntica de quem você é.

Construindo a base

Identidade: a essência

Imagine sua identidade como a raiz de uma árvore majestosa. Assim como as raízes sustentam a árvore, sua identidade sustenta tudo o que você é e como se apresenta ao mundo. No universo do *branding* pessoal, a identidade não é apenas um conjunto de características superficiais; é a combinação única de valores, paixões, habilidades e experiências que formam a base sólida de quem você é. Sem essa base, qualquer esforço para construir sua marca pessoal será como tentar erguer um castelo na areia.

O autoconhecimento é o solo fértil onde suas raízes crescem. Ele permite que você explore profundamente quem você é, revelando suas paixões, valores e habilidades. Pense nele como um espelho que reflete não apenas sua imagem, mas também sua essência mais profunda. É através desse processo de introspecção que você pode construir uma identidade profissional sólida e coerente.

Deixe-me compartilhar minha jornada, que ilustra bem a ligação entre identidade e autoconhecimento. Como executiva de RH em uma multinacional, eu estava confortável, mas sentia que faltava algo. Durante uma reestruturação, percebi a fragilidade de atrelar minha identidade a uma empresa. A venda da operação no Brasil e a perda do meu cargo coincidiram com o luto pela morte de minha mãe, me forçando a reavaliar minha trajetória e buscar um novo caminho.

Foi nesse contexto que comecei a explorar o conceito de marca pessoal. Percebi que meu sobrenome estava se tornando o nome da empresa e entendi que precisava gerenciar minha carreira e minhas relações de forma estratégica. Mesmo sendo de RH, eu não aplicava o que sabia em minha própria vida. Compreendi que minha identidade profissional não deveria estar atrelada apenas a um cargo ou uma empresa.

O autoconhecimento foi a chave para essa transformação e acredito que será para você também. Pense em autoconhecimento como um mapa que guia sua vida, ajudando a encontrar o caminho certo. Pergunte a si mesmo: "Quais são os meus valores? Qual é a minha visão e o meu propósito de vida? E minhas fortalezas e fraquezas? Quem sou eu?".

A busca por autoconhecimento e definição de identidade profissional é contínua e dinâmica, como um rio que flui sem parar. Não é algo que se resolve de uma vez, mas uma jornada de descoberta e evolução.

Lembre-se: sua identidade é a base da sua marca pessoal. Ao entender profundamente quem é e o que representa, você poderá comunicar seu valor de forma clara e impactante, criando uma marca pessoal autêntica e com propósito. Em última análise, seu nome é sua marca, e sua marca é a expressão mais autêntica da sua identidade.

Imagem: a comunicação da essência

Agora, vamos embarcar em uma conversa sobre a imagem, essa poderosa ferramenta que vai muito além da mera aparência física. Imagine sua imagem como uma ponte mágica que conecta quem você realmente é com a forma como o mundo vê você. É como se você estivesse pintando um quadro, em que cada pincelada representa a maneira como você se apresenta, se comunica e demonstra suas habilidades e competências. Pense nela como a primeira camada da sua marca pessoal, aquela que as pessoas percebem imediatamente. É a manifestação tangível da sua identidade e de seus valores, atuando como a interface entre você e o mundo, moldando como sua marca pessoal é recebida e interpretada.

Pesquisas da Universidade de Princeton nos EUA indicam que leva apenas cerca de **7 segundos** para alguém formar uma primeira impressão sobre você e que 55% da primeira impressão é baseada em aparência e linguagem corporal, 38% em tom de voz e apenas 7% nas palavras que você diz.

No mundo dos negócios, a primeira impressão é como a capa de um livro. Ela pode não contar toda a história, mas certamente influencia se alguém vai querer abrir e ler mais. A forma como você se apresenta pode influenciar diretamente a percepção que os outros têm de suas capacidades. E, no ambiente digital, sua presença on-line é uma extensão dessa imagem pessoal. Por isso, é importante que suas redes sociais reflitam a identidade que você deseja projetar.

Mas será que a imagem que você projeta é a mesma que as pessoas percebem? Essa é uma questão intrigante e uma reflexão crucial, pois, muitas vezes, o que queremos comunicar pode não ser exatamente o que os outros entendem. Vamos explorar essa dualidade e entender como essa dinâmica pode impactar sua marca pessoal.

- *Imagem projetada*: pense nela como o roteiro de um filme que você está dirigindo. É como você deseja ser visto e a mensagem que intencionalmente comunica ao mundo. Ela é construída através de suas ações, palavras e presença visual.

- *Imagem percebida*: esta é a crítica do público, a forma como os outros realmente veem você. Esta percepção é influenciada por suas interações, comportamento e a consistência entre o que você diz e faz.

Muitas vezes, pode haver uma discrepância entre a imagem que projetamos e a que é percebida. Por isso, para garantir o alinhamento entre elas, atente para pontos a seguir.

- *Feedback*: busque *feedback* para entender como você está sendo percebido.

- *Autenticidade e coerência*: seja autêntico em suas interações e mantenha a coerência entre suas palavras e ações.

- *Consistência*: mantenha uma apresentação visual e comportamental que reflita seus valores e objetivos em todas as interações, tanto pessoais quanto profissionais.

- *Comunicação*: certifique-se de que sua comunicação, tanto verbal quanto não verbal, esteja alinhada com a imagem que você deseja projetar.

<u>Reputação: o eco duradouro do seu nome</u>

Imagine a reputação como o eco que ressoa depois de você ter deixado a sala. É a melodia que continua a tocar, mesmo quando a música já parou. Enquanto a identidade é a essência de quem você é e a imagem é como você se apresenta, a reputação é a história que os outros contam sobre você quando você não está presente. No contexto do *branding* pessoal, a reputação é um ativo valioso que pode abrir portas ou criar barreiras em sua trajetória profissional.

Construir uma reputação sólida é como esculpir uma obra de arte ao longo do tempo. Cada interação, decisão e ação é uma pincelada que contribui para a percepção que os outros têm de você. Portanto, é crucial que suas ações estejam sempre alinhadas com seus valores e com a imagem que deseja projetar. Pense na reputação como um jardim que precisa ser cultivado com cuidado e atenção, em que cada gesto e palavra são sementes que podem florescer em confiança e respeito.

Para ilustrar, gostaria de compartilhar um momento significativo em minha trajetória profissional, quando fui convidada para assumir minha primeira cadeira de gerente de RH. Esse convite não surgiu por acaso, foi resultado direto da reputação que construí ao longo dos anos.

Anos antes, eu havia trabalhado em outra empresa com a gestora da posição e, nesse período, desenvolvemos uma relação profissional baseada em confiança, respeito e colaboração. Nossos caminhos se separaram, mas mantivemos contatos virtuais, uma acompanhando a caminhada da outra. Quando nos reencontramos, ela estava prestes a sair em licença maternidade e precisava de alguém para integrar seu time e substituí-la. Foi então que recebi o convite para assumir o desafio. Esse convite foi um testemunho da reputação que construí.

Este exemplo destaca alguns elementos essenciais da reputação:

- *Confiança*: a confiança que minha gestora depositou em mim foi construída ao longo de anos de trabalho consistente e ético.

- *Competência*: minha competência e minhas habilidades de liderança foram cruciais para eu ser promovida a gerente. Competência é o alicerce da sua reputação, demonstrando que você entrega resultados.

- *Relacionamentos duradouros*: manter relacionamentos é fundamental. Esses relacionamentos são como fios de ouro que tecem uma rede de apoio e oportunidades, muitas vezes abrindo portas inesperadas no futuro.

- *Consistência*: ao longo dos anos, minha abordagem consistente reforçou minha reputação como uma profissional confiável. Consistência é a batida que mantém a harmonia da sua reputação, garantindo que os outros saibam o que esperar de você.

Seu nome é a essência da sua marca pessoal. Em um mundo que valoriza autenticidade, sua marca é a narrativa que você compartilha e o legado que constrói. Que ela guie sua jornada, inspire outros e seja a base do seu destino.

“

Tatiana Trevisan

Seu nome é a essência da sua marca: a narrativa viva que você escolhe contar, a impressão marcante que deixa e o legado duradouro que constrói.

Thaís Pelegrini Gomes

Já parou para pensar se a essência da sua marca ainda reflete quem você realmente é? Sou Thaís Pelegrini Gomes, publicitária, estrategista de marcas, professora e empresária. Sou mãe de Alice e Bernardo, meus dois grandes projetos de vida, e me considero uma profissional com visão holística.

Em 2021, iniciei minha especialização em Branding, com o objetivo de transformar verdadeiramente grandes marcas em todo o Brasil, pois acredito que marcas fortes geram conexões reais e oferecem experiências memoráveis.

Se você busca reposicionar sua marca ou aprender mais sobre o assunto, siga adiante e descubra como o *rebranding* pode ser uma chave para a transformação.

Instagram
thaisdobranding

WhatsApp
+55 (49) 99957-5053

LinkedIn
Thaís Pelegrini Gomes

E-mail
contato@thaisgomesbranding.com.br

MARCA *que* MARCA

28 *REBRANDING*: DESBLOQUEIE O FUTURO DA SUA MARCA

Por Thaís Pelegrini Gomes

Toda marca nasce de um sonho, de um propósito. Mas, com o tempo, os mercados evoluem, as tendências mudam e o consumidor modifica seu modo de consumir produtos e marcas. O cenário mais comum nas empresas é a sucessão de administradores ou da diretoria, o que pode ocasionar um desalinhamento de comunicação, cultura e estratégia de um negócio.

E aqui surgimos nós, os estrategistas de marcas, para reorganizar a rota desse grande barco em parceria com os principais decisores, os capitães, e ouvindo atentamente os clientes internos, os marinheiros, aplicando a estratégia de rebranding.

Mas é importante saber desde o início: rebranding vai além de mudar logotipo. É uma transformação estratégica, que reflete uma nova fase da empresa, afetando o conselho administrativo, a cultura, a comunicação, o marketing... Toda a empresa. De dentro para fora, como você entenderá ao finalizar este capítulo. Convido você a navegar comigo neste vasto oceano azul do *rebranding*.

Você já ouviu algum empresário dizer: "Cheguei até aqui sem investir em publicidade, por que vou gastar com isso agora?". As empresas com essa cultura tendem a enfrentar um problema recorrente: a marca que as trouxe até o presente já não é mais capaz de comunicar seus valores ou se conectar de forma eficaz com o público-alvo. Por quê? Porque o mundo mudou e essa marca não se adaptou.

Mais do que nunca, vivemos um momento histórico nas empresas: todas as gerações estão trabalhando juntas. *Baby boomers* em fase de aposentadoria, millennials assumindo e repaginando as empresas e a geração Z tomando decisões de compra e entrando no mercado de trabalho.

O que isso tem a ver com *rebranding*? Tudo! Entender as pessoas e sua evolução é primordial para qualquer empresário.

Um *branding* envelhecido, ou desconectado de um novo posicionamento, faz com que a empresa perca competitividade e relevância. Muitos empresários hesitam em mudar porque acreditam que a marca atual ainda tem validade, mesmo quando os sinais de desatualização são claros no mercado.

Manter uma marca fora de sintonia, com cultura e comunicação desalinhadas com o mercado, pode ter sérias consequências. O público começa a sentir que a empresa não acompanha suas expectativas ou suas necessidades, os concorrentes tomam a frente e se destacam. À medida que as vendas estacionam, fica mais difícil conquistar novos consumidores, e até mesmo a lealdade dos clientes existentes pode diminuir. Além disso, uma marca desatualizada transmite uma mensagem de estagnação, impactando toda a percepção de valor da empresa, o que pode gerar uma grande rotatividade de colaboradores.

Mas como definir se é o momento de fazer um *rebranding*?

A decisão deve ser cuidadosamente avaliada pelos principais envolvidos na empresa. Antes, porém, é necessário entender o que é *rebranding* em sua essência. *Rebranding* é o processo estratégico de redefinir e reformular imagem, identidade e posicionamento de uma marca no mercado. Esse processo pode envolver mudanças em logotipo, nome, identidade visual, tom de voz, mensagens e até propósito ou missão da empresa. O objetivo é realinhar a marca com as mudanças no ambiente de negócios, as necessidades dos consumidores ou os novos posicionamentos de mercado.

Philip Kotler, o pai do marketing moderno, destaca que o *rebranding* é necessário quando uma marca precisa ajustar sua identidade para refletir melhor as mudanças internas ou externas, reforçando seu valor competitivo no mercado. Ele enfatiza que o rebranding vai além das mudanças cosméticas, sendo uma transformação estratégica, que envolve a percepção do público e a renovação da promessa de marca.

A seguir, estão algumas das principais motivações para o *rebranding* de uma empresa.

- *Mudanças no mercado ou público-alvo*: a marca pode sentir a necessidade de se ajustar a novas tendências, demografias ou expectativas dos consumidores.
- *Crise de confiança*: quando uma marca enfrenta crises que afetam sua imagem, o rebranding pode ajudar a resgatar a confiança dos consumidores.
- *Evolução interna da empresa*: mudanças significativas na estrutura, como fusões, aquisições ou entradas em novos mercados, podem exigir que a marca se reposicione.
- *Desatualização visual ou conceitual*: quando a identidade da marca se tornou antiquada ou desconectada do mercado atual.

Como decidir se é hora de fazer o *rebranding*?

Convido você a fazer um exercício de reflexão. Lembre-se: anote todas as respostas.

A análise de um possível projeto de *rebranding* começa com quatro questões importantes. Três delas fazem parte da metodologia Golden Circle, de Simon Sinek, e a quarta, segundo meus clientes, é a mais difícil de responder. Preparado para começar?

<u>1. Comece pelo porquê</u>

Assim como na obra de Sinek, descubra o porquê de sua empresa. Responda: "Qual é o propósito que impulsionou a mudança?". Se o propósito original da marca não estiver mais alinhado com o que a empresa acredita e pratica, ou se o público não o perceber mais, é hora de reconsiderar.

<u>2. Reconheça o seu como</u>

As maiores marcas do mundo agregam valor à vida de seus consumidores, resolvem um problema e facilitam o cotidiano de todos. Como a empresa se diferencia dos concorrentes e como ela entrega valor? Quando essas respostas se tornam confusas ou irrelevantes para o mercado, o *rebranding* pode realinhar essa proposta de valor.

<u>3. O que sua empresa faz pelo mundo?</u>

O que sua marca entrega ao mundo? Um produto? Um serviço? É uma necessidade básica? Descreva em detalhes. O *rebranding* deve refletir o que a empresa faz e como deseja ser percebida. Não se trata apenas de mudar o visual, mas de reformular a maneira como a empresa se comunica, interage com o público e se posiciona no mercado.

4. O que o mundo perderia se sua marca deixasse de existir amanhã?

Reflita sobre esta última pergunta e compartilhe a resposta comigo nas suas redes sociais.

Por onde começar o *rebranding*?

Para atuar de forma prática, desenvolvi uma metodologia própria para a execução de um *rebranding*. Após realizar o exercício anterior, observe o passo a passo a seguir e avalie se sua marca já passou por este processo.

- *Escavação*: hora de mergulhar na marca, entender as opiniões de seus stakeholders e pesquisar o mercado. Quanto mais pesquisa, melhor. Utilize métodos quantitativos, qualitativos, grupos de discussão, entrevistas, investigativos...

- *Estratégia*: avalie todos os resultados da etapa anterior e parta para a ação. Nesse momento, será necessário reconstruir Missão, Visão, Valores e Propósito. Execute com atenção uma matriz SWOT (ou FOFA) para identificar na empresa Forças, Oportunidades, Fraquezas e Ameaças. Construa um planejamento estratégico detalhado, com metas e objetivos claros. Reestruture a Persona, o Posicionamento e a Imagem Almejada para o futuro da marca.

- *Expressão*: é hora de dar nome, voz e visual a esse novo momento da marca. Nesse passo, avalie se a marca mantém o mesmo nome, *slogan* e linha de apoio. Defina pilares da marca, manifesto, tom de voz, paleta de cores, tipografia, logotipo, direção de fotografia, linha editorial de social media estratégico. Aqui falamos em expressão verbal e visual.

- *Implementação*: um projeto de *rebranding* na gaveta é dinheiro deixado na mesa. Se você decidiu executar um projeto desse porte, implemente-o. Primeiro, internamente. Divulgar essa nova cultura e apresentá-la ao público interno é essencial. Quanto mais energia para investir nesse momento, maior será o resultado. Em seguida, comunique ao mercado. Execute uma campanha completa de ativação de marca. Reforce e construa, em detalhes, uma experiência de marca renovada em todos os pontos de contato com o consumidor.

Agora, **chegou a hora de cuidar da marca**, e esse cuidado não tem fim! Isso envolve diversos setores da empresa: gestão de pessoas, comercial, financeiro, diretores... Todos que se comunicam pela e com a empresa.

Acredite no poder de *rebranding*. Tenha consciência de que esse tipo de projeto envolve investimento. Respeite o processo e confie que ele pode gerar uma nova fase de crescimento e sucesso para a empresa. Afinal, *rebranding* não é uma simples mudança visual, é uma verdadeira renovação do propósito e da forma como a marca se conecta com as pessoas. Marcas que têm coragem de evoluir se abrem a novas oportunidades, criam conexões mais profundas e se fortalecem no mercado.

História de sucesso

A Globo enfrentou desafios como a fragmentação do consumo de mídia e a ascensão de plataformas digitais mundiais. O hábito de assistir à TV estava mudando. Para se adaptar, a emissora unificou suas plataformas (TV Globo, Globoplay, Globo.com e outras) sob uma identidade única e moderna. A reformulação teve como objetivo modernizar a marca e torná-la digital e interativa. O novo *design* incluiu um logotipo tridimensional e dinâmico, novos núcleos e uma tipografia contemporânea. O *rebranding* foi desenvolvido pela equipe de design internacional da Globo em parceria com a agência Tátil Design.

A principal mudança visual foi a nova interpretação do famoso plim-plim, o som icônico da Globo, que foi modernizado para acompanhar a evolução visual. A nova identidade focou em transmitir proximidade, inovação e flexibilidade, posicionando a Globo como uma marca que vai além da televisão e está conectada com os novos hábitos de consumo.

O *rebranding* ajudou a Globo a se firmar como uma plataforma de mídia diversificada, com uma oferta que abrange televisão aberta, serviços de *streaming* e conteúdo digital. O Globoplay, por exemplo, se beneficiou da nova imagem, apresentando crescimento significativo no número de assinantes e na produção de conteúdo exclusivo, fortalecendo a Globo como uma empresa conectada ao futuro digital e mantendo a relevância no cenário de transformação midiática do Brasil.

Agora, pergunte a si mesmo: "Minha marca reflete o que quero ser e está preparada para o futuro?".

“

Thaís Pelegrini Gomes

O que o mundo perderia se sua marca deixasse de existir amanhã?

Thereza Laura d'Oliveira

Meu nome é Thereza Laura d'Oliveira. Sou natural de Brasília/DF. Amo minha cidade, é o lugar onde tive meus dois filhos amados. Sou graduada em Administração de Empresas, pós-graduada em Design de Interiores, formada em Consultoria de Imagem e Estilo e atuo na área oferendo meus serviços para empresários, empreendedores e no ramo de casamento e festas.

Sou aquela pessoa proativa que acredita que as coisas sempre podem dar certo. Atualmente, dedico-me a buscar novos conhecimentos, fazer *networking* e perseguir a melhoria constante. Transformei desafios em oportunidades que me trouxeram até aqui. Quero partilhar com vocês o que aprendi. Vamos juntos nessa jornada do conhecimento!

Instagram
thete.consultoria

LinkedIn
Thereza Laura

E-mail
combinecomseumundo@hotmail.com

MARCA que MARCA

29 *PERSONAL BRANDING* - A CONSTRUÇÃO DA SUA MARCA PESSOAL

Por Thereza Laura D'oliveira

Todos nós passamos pela vida e deixamos uma marca. Nós entregamos valor ao mundo! Nós nos conectamos com o mundo e nossa mensagem é transmitida diariamente, implícita e explicitamente. Nossos valores, princípios, personalidades, características pessoais, nossas experiências, o que dizemos e até mesmo o que não dizemos falam muito sobre nós.

Pensando dessa forma, podemos perceber que somos uma marca. E saiba: sua marca pessoal é o que as pessoas dizem sobre você quando você não está no ambiente.

Sua marca pessoal passa pela sua autenticidade. Você busca elementos de sua identidade e estabelece comunicação ativa com seu o público que, com o passar do tempo, já sabe o que esperar de você.

Seus negócios estão estagnados? Será que você tem comunicado coisas positivas? Seu público-alvo e seus seguidores anseiam por uma mensagem adequada à sua vida profissional.

Se você já está comunicando coisas positivas, ótimo! Vamos definir e compartilhar as mensagens mais adequadas à sua audiência e, dessa forma, alavancar sua vida profissional.

> O segredo é pensar como empresa. Um empreendimento chamado você. Você já pensou por que o mercado escolheria você?
> (BENDER, 2009)

O *branding* pessoal é sua essência, que cria conexões com seu *target* e com seus seguidores. As pessoas identificam-se e sentem-se atraídas por essa ideia. Funciona a longo prazo e concentra-se na definição da sua essência e filosofia, sempre dentro de uma coerência.

Pensando em até onde o *branding* pode chegar, procure relacionar sua imagem com assuntos e mensagens cujo compartilhamento com seu público faça sentido. Interfira intencionalmente nos rótulos que serão dados ao seu perfil. Sim, seus seguidores, o julgam e o rotulam. Gerencie todo esse processo. Atualmente, a vida pessoal é muito exposta e, se você não tiver cuidado, poderá confrontar ideias antes consolidadas na mente dos seus seguidores. Direcione a mensagem que realmente faz sentido manter aquecida entre eles.

Importante dizer: não caia na armadilha de inventar um personagem para agradar as pessoas e, consequentemente, deixar de ser quem você é, verdadeiramente. Isso é uma armadilha terrível! Também não acredite que você não tem valor e que ninguém vai querer ouvir o que você tem a oferecer. Todos temos valor e conteúdo para passar. Busque não se comparar com pessoas que já estão há mais tempo no mercado, fale para os que estão começando a procurar por determinado assunto que você domine. Dedique-se ao *personal branding*, isso encurtará o caminho para o sucesso.

Primeiramente, aumente sua visibilidade. Isso por si só já eleva as chances de você fechar um negócio ou ser contratado. Em seguida, reforce seu diferencial e suas qualidades. Construa uma boa reputação e entregue valor ao seu público-alvo.

Procure ampliar o alcance da sua mensagem e posicione-se como autoridade em seu campo de atuação. Para isso, estude, dedique-se e seja referência.

Bem, o que seria relevante na sua história que pode inspirar ou até auxiliar outras pessoas? Defina sua missão pessoal e seus objetivos profissionais. Você acha que pode ajudar pessoas e também agregar valor ao mundo com seus propósitos? Desenvolva novas habilidades para atuar de forma satisfatória.

Reflita bastante para revelar o que o torna único e autêntico. Isso pode ser uma construção lenta, que envolva seus temas de interesse, seus propósitos e como você pode ajudar sua audiência. Pense em como você deseja ser lembrado.

Sua comunicação e comportamento em redes sociais

Você precisa se comunicar com eficiência com seu público-alvo. Para tanto, é preciso conhecer bem para quem está falando.

Elenque os problemas enfrentados pelo seu público e ofereça conteúdos com assuntos que tragam luz a pontos de dificuldade. Escolha pautas relevantes. Os canais digitais são hoje a melhor estratégia a ser considerada. Defina a linguagem e o tom.

A propósito, como está a busca pelo seu nome no Google? Quais são os assuntos relacionados ao seu nome nessa plataforma? Para que se tenha uma boa primeira impressão é necessário que conteúdos positivos estejam vinculados ao seu nome.

Uma boa estratégia de *personal branding* passa por filtrar e até descartar registros antigos que possam prejudicar você: postagens, fotos, blogs etc. Alguns conteúdos podem desconstruir sua imagem. Atenção especialmente a vídeos e fotos que remetam ao consumo frequente de álcool; discussões polêmicas; conteúdos com bullying, sexo explícito, casos de intolerância ou crime. Convém desvincular do seu perfil esse tipo de material, pois sua marca pessoal ficará arranhada ou até descredibilizada quando confrontada com esses conteúdos. O que fazemos on-line impacta nossa vida pessoal e profissional.

Até bem pouco tempo atrás, as mídias sociais eram lugares acolhedores para compartilharmos piadas, músicas, pensamentos, fotos etc. Nada era questionado e não havia preocupações sobre o acesso ao nosso conteúdo. Hoje em dia, não é bem assim. Essas informações dizem muito sobre você e você está sendo julgado por isso e nem sabe. Pode ser algo relevante ou não, mas são mensagens que vão formando um quebra-cabeça da sua imagem na mente dos outros. Reflita: você quer ser lembrado por quais posicionamentos?

É necessário criar conteúdo de valor, pois suas informações devem ajudar, ensinar e servir ao outro. A ideia é comunicar com relevância para ter credibilidade. Pense em termos de entretenimento, algo que seja interessante, apesar de sério. Trabalhe em respostas rápidas para problemas e temas do seu nicho. Seja estratégico e procure ter constância.

Imagem pessoal é fundamental

O *personal branding* é um investimento em ações coerentes focadas em resultados.

A imagem é o cartão de visitas que pode quebrar barreiras e atrair oportunidades. A nossa imagem é uma poderosa linguagem não verbal e precisa estar de acordo com nossas ações. Como você se apresenta para dar uma palestra e entregar conteúdo? Precisa existir um alinhamento dos dois propósitos: a entrega do conteúdo e a credibilidade e adequação do emissor.

Em torno da imagem pessoal, orbitam informações essenciais para uma clara definição do que valoriza uma pessoa. Uma consultoria de imagem é uma estratégia profissional através da qual se faz um estudo completo de tipo físico e estilo, passando pelas cores que melhor harmonizam com a beleza natural de cada pessoa. Podemos aprofundar e estudar os perfis comportamentais para melhor direcionarmos os clientes nessa descoberta interior e formatação de imagem alinhada a quem você é.

Muito importante pontuar que trabalhar sua imagem é fazer emergir sua personalidade e ampliar possibilidades. Nunca pode ser sobre querer colocá-lo numa embalagem, numa grife ou numa produção de forma robotizada. Eu sempre escolho o bom senso.

Sua imagem pessoal envolve muito mais do que sua vestimenta. Seu tom de voz, gestual, seu perfume, cores, sua atenção, maneira de responder e-mails, sua postura, seu caminhar, organização da sua mesa de trabalho, sua forma física, espiritualidade... Tudo constrói sua marca.

Uma consultoria de imagem pode entregar, de forma rápida, muito valor agregado. Quando a pessoa se sente bem, sua autoestima se eleva. A partir de uma autoestima em ascensão, vem a autoconfiança. E uma pessoa autoconfiante não para. Ela vai buscar atingir suas metas, aumentar *networking* e construir novos caminhos e facilidades. Sem falar que, em se sentindo bem, até seu humor e comportamento em casa e no ambiente de trabalho tendem a melhorar.

Trabalhar sua imagem pessoal significa presenciar uma mudança complexa e duradoura que segue um curso de dentro para fora e permanece em constante evolução.

O processo

Arthur Bender, autor de *Personal branding – Construindo sua marca pessoal* (2009), nos diz que, para termos sucesso, devemos parar de ser "normais demais" e cita dez leis para sua marca pessoal que resumi a seguir.

1. "O valor está na diferença, os iguais não têm valor". Acrescentar algo de único na sua marca e deixar de ser mediano é fundamental e cria valor.

2. "Não é concebível ser bom em tudo". Bender diz que o nosso cérebro tem a dificuldade de interpretar situações e coisas antagônicas e juntá-las. Por exemplo, vender coisas completamente diferentes.
3. "Cultive um defeito". Acreditem, o autor disse isso! Mas a explicação é simples. As pessoas não gostam de quem é muito certinho, podem parecer *fake*, plastificado, inventado.
4. "Construa uma história". Inconscientemente, histórias criam laços, podem contagiar consumidores que se identifiquem com elas. As grandes marcas criam uma aura especial com histórias que reforçam o valor da marca.
5. "A imagem pessoal é apenas uma parte do processo". Bender diz que o *branding* é muito mais que a imagem visível, pois nenhum produto se vende apenas pela embalagem, é preciso conteúdo também.
6. "Entenda a lógica do seu mercado". Muitas vezes, seu público pode não ser aquele que você imagina, ele pode estar na cadeia do seu negócio e não no lugar de público-alvo.
7. "Sinergia é vital". Aqui, o autor se refere a experiências memoráveis em que elementos como cores, formas, cheiros e sons reforçam e multiplicam o valor.
8. "Não repita o que já deu certo". Bender sugere que você crie seus próprios métodos e reinvente as ações.
9. "Crie uma defesa como a de um porco-espinho". O animal pode parecer frágil, mas tem uma defesa mortal que faz dele inatacável.
10. "Faça alguma coisa da qual se orgulhe no futuro". Tenha um grande objetivo, um plano pessoal que mobilize suas forças nessa direção.

E, finalizando, considere percorrer o caminho da naturalidade e da consistência antes de pensar em colher os resultados, pois o *personal branding* é uma evolução, um posicionamento, e não o final da jornada. Sua comunicação deve refletir esse posicionamento. Vai chegar o momento em que você fará essa comunicação de forma natural e consistente. Boa sorte!

Referência bibliográfica:

BENDER, Arthur. *Personal branding* – Construindo sua marca pessoal, São Paulo: Integrare Editora, 2009.

“

Thereza Laura D’oliveira

Precisa existir um alinhamento entre dois propósitos: a entrega do conteúdo de valor e a credibilidade e adequação da imagem do emissor.

EDITORA
CHAVE MESTRA®

Instagram: @editorachavemestra

E-mail: editora@editorachavemestra.com.br

Site: www.editorachavemestra.com.br